Le vray Mistère de la Passion

Composé par Arnoul Greban l'An 1452

lequel a été nouvellement adapté par M.M.
Gailly de Taurines & de la Tourrasse
la préface a été écrite par Monsieur
Émile Faguet de l'Académie française

L'An
1901

Belin Frères, Éditeurs, 52, rue de Vaugirard, PARIS

Le vray Mistère de la Passion

Composé par Arnoul Greban l'An 1452

lequel a été nouvellement adapté par MM.

Gailly de Taurines & de la Tourrasse

la préface a été écrite par Monsieur

Émile Faguet de l'Académie française

L'An
1901

Belin Frères, Editeurs, 52, rue de Vaugirard, PARIS

DES MÊMES AUTEURS :

Pour paraître prochainement

PASTORALE DE NOEL

MISTÈRE DE LA NATIVITÉ

Musique de M. Reynaldo Hahn.

SAINT-CLOUD. — IMPRIMERIE BELIN FRERES.

AVANT-PROPOS

MM. L. de la Tourrasse et Gailly de Taurines nous présentent, dans ce volume, une réduction du *Mistère de la Passion* des frères. Greban (car il faut écrire *mistère*, comme au moyen âge, et parce qu'ils avaient raison de l'écrire ainsi ; *mistère* venant de *ministerium* et non pas de *musterion*), de ce mistère de la Passion qui faisait la joie et l'édification de nos pères de 1450 à 1500.

MM. de la Tourrasse et Gailly de Taurines, frères Greban du vingtième siècle, ont pensé qu'à travers les 34,575 vers du mistère du quinzième siècle (pour ne parler que de la version primitive ; car, aux mains des continuateurs l'œuvre s'est gonflée, je crois, jusqu'à 60,000) il y avait à détacher les scènes et morceaux essentiels — *erat quod tollere velles* — et à construire ainsi un drame sacré très lisible, très jouable, d'un très réel intérêt, qui serait du Greban et qui ne serait pas tout Greban, ni tous les Grebans ; qui nous rendrait toute la physionomie d'un drame sacré du moyen âge et qui aurait cette concentration que nous demandons aujourd'hui aux choses dramatiques.

Il me semble qu'ils y ont parfaitement réussi.

Leur *Passion* est forte, vigoureuse, en grand relief, en grandes lignes très nettes et d'une composition harmonieuse autant que claire, de nature à faire une très grande impression sur les esprits.

Un prologue, sept tableaux, un épilogue. Prologue et épilogue servent comme de cadre. Ils sont entours du sujet. Ils servent à montrer le monde divin et le monde infernal s'intéressant au drame mystique qui

s'agite et se déroule sur la terre. Ils pourraient être re-
tranchés, à la rigueur, à la représentation ; dans le livre
ils sont nécessaires, pour montrer comment les pieux
auteurs du quinzième siècle, très philosophes, situaient,
pour ainsi parler, le *moment* dans *l'éternité*.

Le drame proprement dit est en sept tableaux, très
courts. C'est à savoir le Jour des Rameaux ; la Cène ;
Jésus au Jardin des Olives ; Jésus devant Caïphe ;
Jésus devant Pilate ; le Chemin de la Croix ; la mort de
Jésus. Cette distribution, très judicieuse, est à merveille
pour la progression dramatique. Elle mène Jésus du
triomphe éphémère à la mort et au martyre, du Capi-
tole à la Roche Tarpéienne ; et voilà le point de vue
humain ; voilà le passage du bonheur au malheur qui
constitue l'essence de la tragédie d'après Aristote, de
même que le passage du malheur au bonheur constitue
la comédie. — Mais bien plutôt, cette composition
conduit Jésus du *triomphe humain*, qui est l'entrée à
Jérusalem, à travers ces péripéties qui sont le Jardin
des Olives, et Caïphe et Pilate et le Calvaire, jusqu'au
triomphe divin et éternel qui est la mort sur la croix.

C'est ce qui est exprimé, avec d'autant plus de force
que ce l'est dans le langage simple d'un pauvre homme,
par le centurion qui veille aux pieds du crucifié.

> Le vrai ne peut plus se céler :
> Qui n'a créance, c'est simplesse :
> Jésus fait la terre trembler,
> Et lui rend toute la détresse
> Qu'il a endurée en ce lieu.
> Par quoi vraiment, je le confesse,
> Il était Christ, le fils de Dieu !

Ce beau dessin soutient à lui seul cette composition
grande et simple. Mais que d'agréables et touchants
détails ! C'est au moment où Jésus est reçu en triom-
phateur dans la cité sainte de son peuple ; c'est au moment où le peuple crie autour de lui : « Voici notre roi,
notre sire… *Hosannah filio David !* » que Jésus répond,
se parlant à lui-même :

> Lamentation,
> Désolation,
> Sur toi venir voi
> Fille de Sion.

Jérusalem, noble cité fleurie,
Je pleure et plains ta franchise bannie,
Ton los éteint, ta grant beauté ternie,
Quelle ruine orgueil t'aura valu!
Je viens à toi, en humblesse assimplie,
De repentir te requiers et supplie:
Mais tu me hais et n'as de moi voulu.

Honore Dieu: je t'apporte sa loi;
Pourquoi ne veux te convertir à moi?
Je te chéris, ô ma fille bénigne;
Par ma mort, las, tu connaîtras ton roi.
Jérusalem, pleure, pleure sur toi.
Tu périras jusques à la racine!

Et cette voix de celui qui vit (et qui meurt) dans
l'avenir, s'opposant à la voix de ceux qui ne vivent que
dans le moment présent, est le contraste le plus dramatique.

Dramatique encore et de quelle sorte! la scène entre
Marie et Jésus au troisième tableau. C'est la perle de la
Passion de Greban. Elle est recueillie avec zèle dans
toutes les histoires littéraires. Je ne résiste pas au plaisir de la parcourir et de la commenter encore en partie.
« Notre-Dame » supplie son fils de ne pas habiter cette
cité peu sûre et de ne pas abandonner sa mère pour
« se donner à ceux qui veulent le détruire ».

Ma mère, je me dois conduire
Ainsi que mon père l'a dit.

Les supplications recommencent, sur un ton plus
humble, plus douloureux, plus assourdi, comme un
thrène antique. Elles ont des agenouillements, des en-
veloppements et des caresses :

A Dieu ne plaise, mon cher fils.
Bien que mon amour s'y oppose.
Que j'empêche si haute chose.
Humble, sans répugner jamais.
A votre vouloir me soumets.
Mais aussi n'est-il pas licite.
Que moi, votre mère petite,
Vous consentiez un peu ouïr
Et en quelque chose obéir?
Daignez écouter ma requête.
O fils tant doux et tant honnête.
Vous le ventre qui t'a porté,
Et le sein qui t'a allaité

Le temps de ta tendre jeunesse,
Et considère ma faiblesse
Qui ja résister ne saurait
Au grief deuil qui me viendrait
A te voir la mort endurer.

Et c'est alors *le duel*, le conflit serré, vers à vers, mot contre mot, où les répliques se croisent rapides, ou plutôt se heurtent et retentissent l'une contre l'autre ; et, à travers tout cela, une progression dans l'horreur, dans la honte glorieuse de la mort avilissante qu'il faut subir :

Ah ! s'il faut que cela se fasse,
Du moins accordez-moi la grâce
Que la mort soit brève et légère.
— Je mourrai de mort très amère !
— Non pas fort vilaine et honteuse ?
— Mais très fort ignominieuse !
— Doncques bien loin, s'il est permis ?
— Au milieu de tous mes amis !
— Mourez donc comme les barons !
— Je mourrai entre deux larrons !
— Du moins en secret et sans voix !
— Je serai haut pendu en croix.
— Vous serez au moins revêtu ?
— Je serai attaché tout nu.
— Attendez l'âge de vieillesse !
— En la force de la jeunesse !
— Ne soit votre sang répandu !
— Je serai tiré et tendu,
Tant qu'on nombrera tous mes os ;
Et sur tout mon flanc et mon dos,
Frapperont pécheurs de mal pleins ;
Puis fouiront mes pieds et mains
De plaies profondes et grandes.
— A mes maternelles demandes
Ne donnez que réponses dures !
— ACCOMPLIR FAUT LES ÉCRITURES.

Est-elle *filée*, cette scène-là ! Est-elle menée d'une main sûre de son principe à ses dernières extrémités et à son point culminant et au mot grave, fort, concis, rude et, aussi, solennel comme l'Eternité, qui la résume et qui en exprime tout le sens et tout l'esprit ? C'est d'un très grand art, quoique parfaitement simple.

Je voudrais encore m'arrêter devant ce beau tableau du Christ au « Jardin des Olives ». Quand je dis tableau, c'est diptyque qu'il faudrait dire : « Jésus faiblissant » — « Jésus réconforté ». Les deux toiles sont aussi belles l'une que l'autre. Ici, au milieu de ses disciples qui succombent au sommeil, Jésus sent la sueur d'angoisse l'envahir et ses forces morales s'enfuir et glisser hors de lui :

> En moi sens le plus fort débat
> Qu'oncques endura créature.
> Regarde ma frêle nature,
> Père, vois ton fils chanceler ;
> Regarde les gouttes couler
> De sueur pénible à merveille,
> De sueur comme sang vermeille.
> O Père, ne m'oublie mie ;
> Regarde la forte agonie
> Que mon cœur ne peut plus souffrir.
> O Père, à toi me viens offrir,
> Allège-moi cette sentence.

Mais *la Grâce*, figurée par l'intervention de saint Michel, descend sur Jésus ; et il se relève. Ses yeux, qui n'ont pas quitté le ciel, se sèchent et s'emplissent de lumière et d'ardeur. Il est redevenu l'Hercule chrétien, vainqueur de la mort : « O douleur, où est ton aiguillon ? O mort, où est ta victoire ? » Et il s'écrie :

> Je sens en moi une envie soudaine
> De fourbannir cette crainte mondaine,
> Qui dans ses lacs mon cœur avait saisi ;
> Et, en voyant toute nature humaine
> Qui sans ma mort ne peut avoir merci,
> Je suis tout prêt et à mort me soumets.
> En vain le corps, qui n'y consent jamais,
> Contre douleur se roidit et rebelle ;
> L'esprit est prompt nonobstant la chair frêle,
> Et le vouloir sensuel est dompté.
> J'entends ta voix, ô Père, qui m'appelle.
> Soit faite donc ta haute volonté.

Et, comme fin de scène, Jésus réveillant les disciples endormis et leur disant tout simplement, ce qui peut faire quelque honte à nos déclamateurs modernes :

> Or, levez-vous, mes doux amis.
> Il n'est plus temps d'être endormis :
> ON VA LIVRER LE FILS DE L'HOMME.

... Et ainsi va le drame, *toujours plus simple et toujours plus fort*, jusqu'à la consommation du forfait et jusqu'au sacrifice définitif. Car, « accomplir faut les écritures ». C'est la *fatalité* de ce drame chrétien et de ce drame moderne, et je prie, un instant, qu'on y réfléchisse. Je ne suis pas bien sûr de la fatalité dans le drame antique et je la saisis à chaque instant dans le drame moderne, j'entends jusqu'à ce moment où les idées religieuses ont fléchi et n'ont plus été mêlées d'une façon constante à la trame de nos pensées et de nos sentiments. Le drame moderne est mille fois traversé de cette idée *qu'il y a un dessein de Dieu*, et que les bons sont ceux qui y adhèrent, soit à y coopérer, soit à le subir, et que les méchants sont ceux qui s'y dérobent. Dieu veut le bien. Il permet que l'homme ne le veuille pas. L'homme se sent divin à le vouloir contre son intérêt et ses passions. Il se sent déchu à ne pas le vouloir ou à le vouloir lâchement. Et de là le drame du devoir, le drame du remords et le drame de la conscience.

Mille fois, dans le drame moderne, l'homme est un être, non pas mené par la fatalité, mais *qui la cherche* pour s'y soumettre, et qui, la trouvant, recule devant elle et gémit d'être si faible qu'il recule. Et peut-être bien que si Schlegel a inventé la fatalité comme ressort du drame antique (car il me semble bien que c'est lui qui l'a inventée), c'est parce qu'on regarde toujours les lointains avec des lunettes et l'antiquité à travers les idées modernes, et le drame ancien à travers le drame nouveau ; et si nous voyons si pleinement la fatalité dans la tragédie des anciens, ce n'est pas tant qu'elle y soit plus que dans la nôtre, que ce n'est qu'elle y est moins, et que nous l'y mettons d'autant plus qu'elle est davantage dans celle où nous avons coutume.

De cette tragédie moderne à fatalité cherchée et trouvée par les hommes, à dessein de Dieu compris par l'humanité, le *Mistère de la Passion* est comme le type : « Accomplir faut les Ecritures ». Elles y sont accomplies divinement.

« Repose maintenant dans ta gloire, noble initiateur. Ton œuvre est achevée ; ta divinité est fondée. Désormais, hors des atteintes de la fragilité, tu assisteras, du haut de la paix divine, aux conséquences infinies de tes actes. Au prix de quelques heures de souffrances qui n'ont pas même atteint ta grande âme, tu as acheté la plus complète immortalité. Pour des milliers d'années le monde va relever de toi. Drapeau de nos contradictions, tu seras le signe autour duquel se livrera la plus ardente bataille. Mille fois plus vivant, mille fois plus aimé depuis ta mort que durant les jours de ton passage ici-bas, tu deviendras à tel point la pierre angulaire de l'humanité qu'arracher ton nom de ce monde serait l'ébranler jusqu'en ses fondements. Entre toi et Dieu on ne distinguera plus. Pleinement vainqueur de la mort, prends possession de ton royaume, où te suivront, par la voie royale que tu t'es tracée, des siècles d'adorateurs. »

Il est vrai, et elles sont justes autant qu'elles sont belles, ces graves paroles du dernier des Pères de l'Eglise (car l'Eglise a ses Pères prodigues); mais cependant je ne puis m'empêcher de me rappeler ces paroles, graves aussi, de Victor Hugo :

> Une chose, ô Jésus, en secret, m'épouvante ;
> C'est l'écho de ta voix qui va s'affaiblissant.

Et aussi le petit mot tranquille, net et tranchant de Voltaire :

> Tu visitas le monde et ne l'as pas changé.

Hélas! il est un peu vrai aussi; et il n'est pas impossible qu'en riant du rire que vous savez et dont retentissaient souvent les anciens *Mistères*, le Malin ne répète le mot passablement terrible du malicieux. Le huitième tableau du drame de la Passion, si ce drame en a sept, c'est l'histoire humaine. Il ne donne pas complètement raison à Jésus. Il le laisse grand, il le laisse héroïque, il le laisse divin, et il lui serait assez difficile de ne pas le laisser tel; mais il ne démontre pas qu'il fût pratique. Est-il bien vrai que rien ne se perd? Il me semble bien qu'il y a eu ici et là quelques sacrifices inutiles. On me répondra que, si les sacrifices étaient sûrs d'être utiles, ils seraient sans mérite. Je crois, Monsieur, que vous exagérez. Le sacrifice reste une chose peu commune et de quelque valeur, même quand le sacrifié sait qu'il sauve les autres certainement. On voudrait, tout de même, que Jésus eût réussi ; et cela ne semble pas encore absolument démontré. Il est vrai que l'humanité n'en a pas encore fini avec elle-même. Il reste toujours de l'espoir.

En attendant et en espérant, lisez la *Passion* des frères Greban accommodée à la faiblesse de nos facultés d'assimilation. Je ne serais pas étonné que les frères Greban eux-mêmes, qui s'ajustaient au goût de leur temps, mais qui étaient hommes de goût, la trouvassent plus belle en sa réduction moderne qu'en son amplification médiévale.

Émile FAGUET.

AVERTISSEMENT

L'œuvre que nous présentons au public est une *restauration* du célèbre *Mistère de la Passion* d'Arnoul Greban, « le plus beau monument, dit M. Paulin Paris, de notre ancienne littérature dramatique », le mystère *type* d'où sont sorties, remaniées, toutes les versions représentées aux quinzième et seizième siècles à Paris, Rouen, Valenciennes, Troyes, et dans les principales villes de France.

Nous disons *restauration*, car l'œuvre intégrale a été publiée en 1878 par MM. Gaston Paris et Gaston Raynaud, et nous tenons à rendre hommage et reconnaissance à ces maîtres éminents, comme au regretté M. Petit de Julleville, qui voulut bien nous honorer de ses encouragements et de ses conseils.

Mais, avec ses 34 575 vers, l'ampleur et la diffusion du sujet qui embrasse le drame entier de la Rédemption depuis la chute des mauvais anges et celle de l'homme jusqu'à l'Ascension de Jésus-Christ, avec la lourdeur fréquente de son dialogue et la forme souvent trop archaïque du mot et de l'orthographe, l'œuvre originale est difficile à comprendre et à goûter sans une culture spéciale.

Nous avons voulu *vulgariser* ce chef-d'œuvre de notre art dramatique du moyen âge, en en présentant, sous une forme claire et concise, les beautés de premier ordre, dégagées de toutes les scories qui ternissent leur éclat. Car il y a de véritables joyaux de pensée, de verbe, et même de lyrisme que cet art primitif laisse enfouis parmi des choses sans valeur.

Nous avons donc cherché à faire une sorte d'*antho-logie* du Mistère de la Passion, en rapprochant tous les passages remarquables à des titres divers, en les mettant en lumière, et en les réunissant par un lien dramatique assez fort pour composer une pièce logique, vivante et *représentable*.

L'œuvre était périlleuse, car une *adaptation* proprement dite eût été un sacrilège, ou tout au moins une œuvre sans valeur aux yeux des lettrés, et le modernisme, même à dose infinitésimale, en eût gâté toute la saveur. Nous avons donc, en principe, soigneusement conservé la couleur du temps, le texte et l'orthographe, ne les atténuant que dans un cas de difficulté trop ardu pour le lecteur ou le spectateur.

D'autre part, de cet immense et désordonné édifice il fallait faire quelque chose d'habitable et dont la ligne pût s'embrasser d'un coup d'œil, sans que le raccord ou la transition fussent visibles : c'est ce travail qui a été le nôtre. Et si, parfois, un fragment de cette architecture manquant, nous avons été obligés de le refaire, c'est avec conscience, discrétion et piété, avec le même scrupule archéologique que les restaurateurs de musées les plus circonspects, que nous l'avons refait et recouvert de la patine du temps.

L'œuvre ainsi nous paraît former un drame plein de mouvement scénique, de vie et de *réalisme* aussi bien que d'onction évangélique, capable de donner au public une idée des mystères du moyen âge.

Le Mistère de la Passion fut composé vers 1452, en collaboration avec son frère Simon, par Messire Arnoul Greban, notable bachelier en théologie, plus tard chanoine du Mans, « à la requeste d'aulcuns de Paris », dit le manuscrit, et représenté avec un immense succès dans cette ville et les principales de France. Il fut remanié, en 1486, par Jean Michel, à qui nous avons emprunté certains passages, dignes d'être mis à côté de Greban. Les représentations de mistères durèrent jusqu'en 1555.

Celles de la Passion duraient *quatre journées*, qui correspondaient à la division du Mistère : les préludes

de la Rédemption et la Nativité; la vie publique de
Jésus; la Passion; la Résurrection[1]. Nos pères, on le
voit, étaient des spectateurs doués d'une patience aussi
robuste que leur foi.

Les célèbres *Confrères de la Passion* jouaient leurs
mistères sur les tréteaux des foires, avec la mise en
scène la plus primitive.

Tout le monde connait la curieuse disposition scénique qui représentait simultanément : le ciel, la terre,
les enfers; et sur la terre elle-même, côte à côte, les
lieux les plus divers du drame, la maison de Caïphe, de
Pilate, d'Hérode, de la Vierge, la grotte de Bethléem,
le Calvaire, la mer elle-même, et les personnages passant, selon les nécessités scéniques, d'un à l'autre com-
partiment. Nous avons tenu compte de cette indication
dans la mesure où peut la supporter un public moins
naïf que celui du quinzième siècle, et pour que, sans
difficulté, notre rédaction du Mistère de la Passion puisse
être représentée aussi bien sur un théâtre ordinaire que
dans une salle dépourvue d'accessoires, ou même, ce
qui serait l'idéal, dans le plein air, comme aux temps
anciens.

Une des curiosités aussi de ce théâtre est que tout
le drame, pensée, langage, mœurs, costumes même, est
rapporté, non au temps de Jésus-Christ, mais à la couleur locale du quinzième siècle.

Sauf les personnages hiératiques, Jésus, Notre-Dame
et les apôtres, qui gardent le costume conventionnel,
les archers, « tirants », sont vêtus en hommes d'armes,
Pilate en prévôt du temps, etc.

Ce dédain de la couleur locale, qui nous surprend,
se retrouve, du reste, à cette époque de grand art qui
est le classique dix-septième siècle. Cela est-il bien une
note d'infériorité esthétique? et, au fond, l'essence
même de l'art n'est-elle pas d'accommoder des idées
et des sentiments éternellement vrais aux milieux pas-
sagers où ils évoluent?

1. Nous avons déjà extrait de la première journée un mistère de la Nativité intitulé *Pastorale de Noel*.

La musique de scène du jeune et éminent maitre. M. Xavier Leroux, qui accompagnera le Mistère, sera en parfaite harmonie avec son archaïsme, autant qu'il est possible de se rapprocher d'une époque où la musique, dans son enfance. n'était guère encore que du plain-chant.

LES AUTEURS.

LES PERSONNAGES DU MISTÈRE

JHESUS.

NOSTRE-DAME.

CAÏPHE, grand prêtre.

JHEROBOAM, prince des Pharisiens.

JUDAS.

PILATE, prévost de Judée.

LUCIFER, prince des deables.

SATHAN.

S. MICHEL.

S. PIERRE,
S. JEHAN, } apôtres.
S. JACQUES,

BROYEFFORT,
CLACQUEDENT, } tirants de Pilate.
ORILLART,
BRAYARI,

MALCHUS,
GUEELI, } archers de Caiphe.
DENTARD,
ROULLART,

MARDOCHÉE, } pharisiens.
SALMANAZAR,

NEMBROTH,
RABANES, } faulx témoins.
PHARES,

URION, hoste.

PIRAGMON, porteur d'eau.

SIMON LE CYRENÉEN.

MAUCOURANT, hérault.

CENTURION.

GESTAS, mauvais larron.

DISMAS, bon larron.

BARRAQUIN, huissier de Pilate.

ADAM.

LE CHARPENTIER.

LE LÈVRE.

S. SIMON,
S. JUDE,
S. MATHIEU,
S. PHILIPPE, } aultres apôtres.

TUBAL,
MOAB,
ABIRON,
CELIUS,
NEPTALIN,
RUBEN,
MANASSÈS, } hommes du peuple.

BENJAMIN, petit enfant.

BARRABAS, malfaicteur.

CERBERUS, portier de l'enfer.

LA FEMME PILATE.

MAGDELEINE.

JULIE,
VÉRONIQUE,
PÉRUZINE, } sainctes femmes.

MISÉRICORDE.

REBECCA, femme du peuple.

MARCELLE,
CASSANDRE, } chambrières.

LE MENEUR DE JEU.

Les apostres, le peuple de Jhérusalem, les docteurs de la loy, scribes et pharisiens, les archers.

Les anges, prophètes, les ames du limbe, les deables.

Pour diminuer la mise en scène, plusieurs de ces rôles peuvent être joués par un même personnage. Pour tous renseignements concernant les représentations, s'adresser chez MM. les Éditeurs.

LE PROLOGUE

Notez que doibt l'eschaffault[1] figurer en hault le Ciel en lequel sur un throsne de rayons est assis Dieu le Père adextré des quatre Vertus : Misericorde, Justice, Paix et Sapience, et en bas l'Enfer en lequel ardent les déables, et proche l'enfer le limbe où se douloient les âmes des justes.

Et premier s'advance le meneur de jeu et dict :

Le meneur de jeu.

Icy se traicte le mystère
de la très saincte Passion
qui fit nostre rédemption.
D'abord en grand dévotion
et en pensée[2] salutaire,
chascun la Vierge honorera
et dirons sans dilation
humblement : *Ave Maria.*

Ce devot salut accomply,
seigneurs, humblement vous supply
qu'ung peu de silence prestez
et l'entendement apprestez
à incorporer la doulour,
charité et parfaicte amour

---

1. L'*échafaudage* sur lequel est établi le théâtre.
2. L'*e* muet se prononce et compte dans le vers. C'est une règle absolue que nous verrons toujours observée dans la suite.

où ceste passion amène
et poinct nostre nature humaine.
Pensez que celuy qui s'instruit
en ceste œuvre, porte grant fruit,
et qu'il n'est histoire en ce monde
si fertile ni si féconde,
ni qui doyve mieulx faire entendre
le cœur au bien où il doit tendre.
Qui bien l'escoute et bien l'entend
à nul mal faire ne prétend,
mais juge tout plaisir mondain
mauvais, décevable et soudain[1] ;
et n'est adversité si forte
que tout paciemment ne porte :
car le filz de Dieu bienheuré
a tant souffert et enduré
pour mondifier[2] nostre faulte,
que l'infortune la plus haulte
n'est rien en regard de la somme
que Jhésus veut porter pour l'homme.
Et en ce miroir, pour voir mieulx,
nous ramenons devant vos yeulx,
sensiblement, par personnages,
ces vraies[3] dévotes images
.de nostre Saulveur Jhésu Christ.

Si riens avons dit ou escript,
ou mal fait, ou mal ordonné,
pour Dieu qu'il nous soit pardonné :
le vray sentier voulons tenir
sans faulte ou erreur soustenir,
soubmettant nos fais et nos signes

---

1. Passager.
2. Purifier.
3. En deux syllabes.

à vos corrections bénignes,
ou à ceulx qui perçu l'auront,
ou qui mieulx faire le sçauront.

Cy ce despart le meneur de jeu, et commencent les âmes des justes à se douloir en le Limbe, implorant le Messie.

Les âmes du Limbe *chantent.*

Quand viendras-tu, doulx Messias,
voir la peine qui nous abonde?
Quand viendras-tu, Saulveur du monde,
nous apporter joie et soulas[1]?

Aultres âmes.

Quand viendras-tu, Saulveur du monde,
qui des prophètes es promis,
visiter tes povres amis
en la peine qui leur abonde?

Toutes les âmes.

Quand viendras-tu, doulx Messias?

Quelques âmes.

Hélas! et quand sera-ce? hélas!
cinq mille ans y a que nous sommes
en ténèbre, femmes et hommes
tenus à désolation.

Aultres âmes.

O bon Dieu, prends compassion
de nostre griefve[2] perte et dure :
cruelle attente trop nous dure

1. Consolation.
2 Prononcez *grève.*

de joie et d'éternel soulas!

Toutes les âmes.

Hélas! et quand sera-ce, hélas!

Cy fine le chant des âmes ès limbes, et commence celuy des deubles en l'Enfer.

Les diables chantent.

La dure mort éternelle
c'est la chançon des damnés.

Aultres diables.

Bien nous tient à sa cordelle
la dure mort éternelle.

Aultres diables.

L'avons méritée[1] telle
la dure mort éternelle.

Tous les diables.

La dure mort éternelle
C'est la chançon des damnés.

Cy fine l'infernale chançon des deubles, et dict Sathan :

Sathan.

Vous hurlez en loups affamés
quand vous voulez chanter ou rire.

Lucifer.

C'est que Dieu nous voulut maudire,
et toujours nos ris et nos chants

---

1. D'après la métrique du quinzième siecle, l'e muet compte dans le vers et se prononce.

seront malheureux et meschants.
Ma noblesse et ma grant beauté
est tournée en difformité,
mon chant en lamentation,
mon ris en désolation,
ma lumière en ténèbre ombrage.
ma gloire en douloureuse rage,
ma joie en incurable deuil;
ne demeure que mon orgueil
qui ne m'est mué ni changé
depuis le jour que fus forgé
lassus[1] au pardurable empire,
sinon que toujours il empire
sans se diminuer en rien.
Mon plaisir et souverain bien
est d'avoir, par subtil moyen,
fait déchoir l'homme, citoyen
de la région fortunée,
et tenir sa race damnée
en ceste chartre ténébreuse
où sa chançon très douloureuse
à mon mal apporte soulas[2].

Cy s'entend derechef la dolente priere des âmes.

Les âmes du Limbe *chantent.*

Hélas! et quand sera-ce, hélas!

Puis dict Adam :

Adam.

O souveraine majesté,
Dieu bon qui en éternité

1. La-haut.
2. Consolation.

règnes sans jamais prendre fin,
toi l'auteur et père divin
dessus toute chose créée,
quand viendra l'heure désirée
où ta parole nous accorde
le pardon et miséricorde?
Saulveur promis, ô doux Messie,
fleur de clémence, arbre de vie,
source salutaire et féconde,
du ciel enfin déverse l'onde
sur tes enfants tant altérés!

Lucifer.

Hommes, lamentez et pleurez,
Dieu de vous point ne se recorde;
cessez d'espérer qu'il accorde
à vos maulx pardon ni soulas.
Tant serrés vous tiens en mes lacs,
jamais n'eschapperez ma corde;
qu'implorez-vous ce Messias?
Dieu de vous point ne se recorde.

Icy s'ouvre le Ciel ou se veoit Dieu le Père entoure des chœur-
des anges et des quatre vertus symboliques: Justice, Verite, Paix
et Misericorde; et se prosterne Misericorde et dict :

Miséricorde.

Dieu qui créas Miséricorde
la plus piteuse[1] de jamais,
souviens-toi que tu ne promets
en vain, et doibs briser la corde
qui tient l'homme en si dolent mès[2].
Tu le créas en pureté

1. Pitoyable.
2. Mal.

mais en très grant fragilité,
de vouloir prompt, de chair débile,
tenté de toute chose vile.
Si Lucifer le glorieux,
avec ses anges, chut des cieux,
peux-tu à l'humaine faiblesse
ne pas condouloir en simplesse?
L'homme n'est-il assez puni
par travail, mort, douleur; banni
du haut séjour célestial
et enclos au limbe infernal?
Voy d'icy tout le genre humain,
Adam, chef-d'œuvre de ta main,
implorant, en chartre dolente,
la Rédemption, las! trop lente
que promit ton vouloir divin.
O toi que nul n'invoque en vain,
doulce fontaine de concorde,
à tes pieds, je, Miséricorde,
supplie et requiers le pardon.

Les anges *chantent.*

Mercy octroyez, ô Dieu bon!

Les déables *chantent.*

Oncques ne briserez nos fers!

Cy paroist en le Ciel, à la dextre Dieu le Père, la Saincte ymage de Nostre Saulveur dans sa gloire. Et monseigneur S. Michel en une blanche armure s'advance et dict, cependant que les deables grondent sourdement en l'enfer :

S. Michel.

Terre, cieulx et damnés enfers,
passés et présents univers,

adorez celui qui se nomme
le fils de Dieu, le fils de l'Homme!

Les âmes.

Le fils de Dieu, le fils de l'Homme :
Noël! c'est le doulx Messias!

Les déables.

Hélas! hélas! hélas! hélas!
Leur liesse est nostre souffrance.

Les prophètes *chantent.*

De Dieu la benoite clémence
Nous vient de moustrer le Saulveur.
Chantons, qu'une saincte démence
Dise nostre joie et ferveur.
O Jéhovah! seigneur suprême,
gloire à tes éternels desseins,
voici venir l'oint du saint-chrême,
ployez genoux, anges et saints.

Les âmes *chantent.*

Noël aux éternels desseins!
Menons feste et chœurs plantureux
à ceste nouvelle apportée
qui a toute réconfortée
l'assemblée des douloureux
en l'espoir du doulx Messias.

Les déables *chantent.*

Hélas! hélas! hélas! hélas!

Cy fine le Prologue du Mystère de la Passion

LE 1er TABLEAU

En lequel on veoit la perfide conjuration des Juifs et la
triomphante venue de Jhesus en Jherusalem au jour
des Rameaux.

*Et notez que doibt l'eschauffault figurer a destre la salle du
conseil des Pharisiens et à senestre la porte de la cité. Et cependant que s'entend sourdre le refrain d'enfer, premier s'advance
Sathan et dict :*

I

Sathan.

Diables de l'infernal déluge
En cruels tourmens estendus,
serpens damnés et confondus
en feu ardant et perdurable,
maudits sous peine interminable.
tant qu'éternité aura cours.
venez moi bientost à secours,
car la rage m'a pénétré :

Le doubte en mon cœur est entré
sur ce Jhésus ceint de mystère
qui brigue mon pouvoir sur terre.
sur ce Jhésus tant espié,
tant poursuivy, tant costoyé :
Plus le regarde, plus le crains.

9

tant il excède[1] tous humains.
Est-il homme, est-il ange ou Dieu,
lui qui m'eschappe dans tout lieu;
lui qu'en vain je tente au désert,
lui qu'orgueil ni péché ne perd?
Icy, dans mon notable empire,
sa vertu m'ose contredire :
il confond les pharisiens,
les manants se proclament siens,
féaulx subjects et hommes liges,
et, par très damnables prestiges,
il se fait prince en vérité
dans Jhérusalem la cité.

    Lucifer, mon maistre et mon roy,
toi qui m'as commise ta foy
pour perdre cest homme damné,
ha! ne me laisse abandonné!
Et vous, servants, fils malheureux,
diables[2] obscurs et ténébreux,
tourbe despiteuse et vilaine,
soufflez une infernale haine
au cœur de tous ses ennemis :
qu'il soit en males mains remis,
bafoué, conspué, meurdry
et de vile mort amoindry.

    Mort, mort, où es-tu enserrée?
Jette l'œil au deuil où je suis :
ma fille de moy engendrée,
toy que je quiers et qui me fuis,
toy, l'emperière des enfers

---

1. Dépasse.
2. On écrivait *deable*, mais on prononçait *diable*, en deux syllabes. Nous maintiendrons donc dans le vers l'orthographe
diable pour plus de clarté.

que vainquit ce sorcier pervers
en robant Lazare à ton ire[1],
reprends ta gloire et ton empire :
viens, je te livre ce Jhésus;
dresse une haulte croix lassus[2]
dont riens ne le puisse défaire.

Cy reprennent soubs la terre les Enfers leur dolent refrain :

Œuvre de haine éternelle,
c'est le déduit des damnés.

cependant que disparoit Lucifer et entrent les Pharisiens en leur salle pour tenir leur conseil.

II

Caïphe.

Seigneurs, grandement doit desplaire
aux scribes et pharisiens
et bref à tous les citoyens
contenus en la sinagogue
le despit et mauvais prologue
que fait encontre nostre loy
ce Jhésus, qui a pris sur soy
de destruire nostre puissance,
et qui ose, dans sa démence,
luy, chétif, pauvre homme et meschant
jusque dans le temple preschant,
nous les présidents et docteurs.
gouvernants et législateurs
mésarguër et contredire.

1. Colère.
2. La-haut.

Or pour cet esclandre interdire,
seigneurs, vous ai-je rassemblé.

Mardochée.

Par son fait il a jà troublé
moult grandement la paix publique :
à changer l'estat il s'applique
et provocque griefs abus,
empeschant de payer tributs
qui sont dus à très grosse somme
à César l'empereur de Romme
par le peuple et la gent menue.

Jhéroboam.

Pis y a : nostre revenue
En diminue et nostre avoir ;
car jadis nous soulions[1] avoir.
nous, Pharisiens, renommée
d'une saincte vie adonnée
à faire jeunes, abstinences,
dévotions, obédiences,
en tenant la loy à l'estroit,
et ainsy chacun ministroit
offrandes largement au temple ;
chacun prenoit sur nous exemple,
nous estions appelés seigneurs
et avions les premiers honneurs.
Et or[2] par cest homme maudit
nostre droit est comme interdit :
chacun le suit, chacun l'honneure,
tout lui vient, rien ne nous demeure ;
il fraint nos loys et nos sabbas.

1. Avions coutume
2. Maintenant.

et si bien tost ne jetons bas
ce meschant séducteur infâme,
la gent villaine qui l'acclame
le bien du temple destruira.

Salmanazar.

Ores doneques qui trouvera
contre luy accusation?

Caïphe.

Pour le mener à passion,
quand sa cause sera sortie,
nous serons juges et partie.
De quoy l'accuser il n'importe,
pourvu que sa perte en ressorte;
choisissons quelque crime tel
qu'il soit exécrable et mortel,
si bien qu'on n'ose le défendre.

Jhéroboam.

J'ay graves cas à faire entendre :
cest homme a perfides vertus,
il redresse clops[1] et tortus,
paralytiques fait mouvoir,
entendre sourds, aveugles voir;
plus fort : aucuns font leur recors[2]
qu'il a ressuscité les morts!
c'est infernale enchanterie!

Mardochée.

Il a même forfanterie,
tant qu'hommes soient[3] entachés,

1. Lelopés.
2. Mention, souvenir.
3. En deux syllabes.

de leur pardonner tous péchés;
par quoy il ne peut contredire
qu'il se veut Dieu ou son fils dire,
qui est blasphème tout appert.

Salmanazar.

Son cas de venin est couvert,
et voicy titres à foison.

Caïphe.

Ainsy de luy aurons raison.
Mais pour cette œuvre nonpareille,
n'oublions qu'il est à merveille
au peuple qui pour saint le tient.

*Icy entrent en la place Urion, Piragmon, Simon, Tubal, Moab
et Abiron, et parlent ainsy entre eux.*

III

Urion.

Jhésus, le doulx prophète, vient
la saincte cité visiter.

Pyragmon.

Est-il vray?

Urion.

Plus n'en fault doubter :
il vient pour nostre délivrance
et ses bons amis conforter.

Simon le Cyrénéen.

Est-il vray?

Tubal.

Plus n'en fault doubter :
sur l'asnesse a voulu monter
et vient par humble contenance.

Moab.

Est-il vray?

Abiron.

Plus n'en fault doubter :
il vient pour nostre délivrance.
Partons nous en belle ordonnance,
allons à l'encontre de luy.

Icy se despartent les susdils a l'encontre Jhésus et entrent Célius, Neptalin et Ruben.

Célius.

Neptalin, n'est-ce pas celuy
qui tel[1] gloire manifesta
quant Lazare ressuscita,
le benoit prophète Jhésus?

Neptalin.

C'est luy proprement, Célius :
allons à sa doulce présence
luy faire honneur et révérence
comme à nostre souverain roy.

Ruben.

Chacun se mette en bel arroy :
prenons de palmes beaux rinceaux,
draps dorés exquis et nouveaulx,
et les estendons sur la place,

1. L'adjectif placé avant le nom ne s'accorde pas.

affin que l'asne dessus passe
du vray rédempteur d'Israël.

Cy cueillent rameaux verts et se mettent en la voie, cependant qu'arrivent Manassès, Benjamin et Rebecca.

Manassès.

Pour veoir le doulx Emmanuel,
or ça, mon beau fils Benjamin,
venez, mettons nous en chemin :
cy vient Jhésus, le saint prophète.

Benjamin, *petit enfant.*

Mais il faut ma robe de fète
et une belle branche verte ;
je chanterai à bouche ouverte
pour l'amour de lui.

Cy cueille Manassès un rameau pour son fils.

Manassès.

Tiens, mon fils.

Cy revest Rebecca son fils d'une robe neuve.

Rébecca.

La belle robe que je fis
mettez pour l'honneur de Jhésus ;
et aurez encor par dessus
le beau chapeau de fleurs nouvelles.

Benjamin.

Nous dirons chançons les plus belles
dont jamais on ouït parler.

Cy sortent à l'encontre Jhésus, et entrent Véronique et Julie.

Julie.

Où veut donc tout ce peuple aller,
Véronique, ô dame bénigne?

Véronique.

Escoutez la nouvelle insigne :
on dit que le prophète saint
vient en ceste ville, et que maint
va vers lui pour lui faire honneur.

Julie.

Courons aussy, ma chère sœur.

Cy vont de même Véronique et Julie à l'encontre Jhesus, et l'on entend par de là la porte de la cité les chants joyeulx de ceux qui accompagnent nostre Saulveur.

Le peuple *chante*.

Jhésus, Jhésus, benoist saulveur,
viens parmy nous;
nous te clamons à deux genoux
avec ferveur.
Jhésus, Jhésus, viens parmy nous,
benoist saulveur!

Autres *chantent*.

Peuple d'Israël,
à l'Emmanuel,
à ton roy puissant
fais cry solennel
et chante noël
en t'esjouissant.

Cy entrent les povres chantant et agitant des palmes en se tournant vers la porte de la cité.

2

Les povres *chantent.*

Au gîte nombreux
si très douloureux
sont les affamés :
roi des malheureux,
délivre les gueux
et les opprimés!

Cy entrent les femmes comme cy dessus dict :

Les femmes *chantent.*

Or nous lamentons,
en deuil enfantons
des fils de souffrance ;
relève nos fronts
et par toi serons
fleuries de fils de noble espérance.

Cy entrent les vierges.

Les vierges *chantent.*

La vierge t'attend
depuis jà longtemps,
clamant vers l'Epoux très chastes cantiques :
descends en vainqueur
dans cet humble cœur,
autel tout paré aux nopces mystiques.

Cy entrent les petits enfants.

Les petits enfants *chantent*

O Jhésus qui dis :
de mon paradis
ne serez lotis,

si ne ressemblez à ces tout petits,
de baiser ta main point ne nous défends,
laisse à toy venir les petits enfants.

Cy entrent les vieillards.

Les vieillards *chantent.*

Voicy devenues
nos barbes chenues,
nos pas chancelants
et nos chefs branlants :
nos os ont vieilli dans l'iniquité ;
Dieu de vérité,
Dieu de Samuel et de Balaam,
mène nous dormir au sein d'Abraham !

Cy paroît nostre Saulveur en la porte de la cité, monté sur
l'asnesse et adextré de ses apostres.

IV

Tout le peuple *chante.*

Voicy nostre roy, nostre sire,
le bien que nostre cœur désire,
que les prophètes ont prédit,
que David chanta sur sa lyre.
Hosannah, filio David !

Ce pendant est descendu Jhésus en la place.

Jhésus.

Jhérusalem ! Jhérusalem !

Le peuple *chante*.

Fille de Sion,
en dévotion
viens fêter ton roy.

Jhésus.

Lamentation,
désolation
sur toi venir voy,
fille de Sion.

Ce pendant que parle Jhesus, les instruments continuent à jouer.

Jhérusalem, noble cité fleurie,
je pleure et plains ta franchise bannie,
ton los esteint, ta grant beauté ternie ;
quelle ruine orgueil t'aura valu !
Je viens à toy en humblesse assimplie,
de repentir te requiers et supplie,
mais tu me hais et n'as de moy voulu.

Honore Dieu, je t'apporte sa loy ;
pourquoi ne veux te convertir à moy ?
je te chéris, ô ma fille bénigne ;
par ma mort, las ! tu connaistras ton roy.
Jhérusalem, pleure, pleure sur toy,
tu périras jusques à la racine.

Icy s'adresse Jhésus au peuple.

Peuple abusé, fais pénitence,
car le règne de Dieu s'avance,
et Jehan vous l'a dit au désert :
celuy qui Dieu de bon cœur sert,

si humble qu'il se trouvera,
au règne divin régnera
dans la gloire de Dieu le Père.

Cy descend Jhéroboam en la place et va hypocritement vers Jhésus.

Jhéroboam.

Jhésus, cher maistre et débonnaire,
dont le fait n'est que vérité,
et qui, par très bonne équité,
nous mènes en divine voye,
le grant prestre vers toy m'envoye
pour ton oppinion avoir,
et, puisque tu es roy, sçavoir
si devons tributs à César.

Jhésus.

Or baillez moi ce denier, car
j'en veux voir la suscription.

Jhéroboam.

Icy baille Jhéroboam un denier à Jhesus.

C'est la représentation
de César, l'empereur de Romme.

Jhésus.

Donc je vous admoneste et somme
qu'à César rendez en tout lieu
ce qui est à César, à Dieu
ce qui est à Dieu.

Jhéroboam.

Ce que dites
n'est inclus en nos lois escrites.

Jhésus.

Pharisiens, durs hypocrites,
les lois des prophètes escrites
preschez à la gent populaire,
de quoy vous ne voulez rien faire;
fardeaux leur sçavez apprester
dont vous ne voulez rien porter;
très bien sçavez-vous regarder
aux cérimonies[1] garder
qui sont choses matérielles;
mais les loys espirituelles
sont en vous faillies[2] et mortes;
servez le monde en toutes sortes,
et de Dieu servir ne vous tient;
par dehors vostre corps maintient
signe de dure pénitence,
mais tout ce n'est que d'apparence;
et comme sépulcre paré
par dehors de beau drap doré,
par dedans sont vers à foison.

Icy s'approche Jhésus des petits enfants et les bénit, cependant que tres soèvement recommencent les instruments à harper. Lors dict Caiphe en la salle :

Caïphe.

'Voici la plus forte poison,
la rage plus desmesurée
qu'oncques fortune ait mesurée
depuis l'heure où je me connus.

Mardochée.

Or saisirai-je ce Jhésus :
il aura male heure passée.

1. Prononcez l'e muet.
2. Idem.

Jhéroboam.

C'est mal advisé, Mardochée :
sa gent contre nous est à triple.
Mais nous aiderons d'ung disciple,
son aulmonnier, nommé Judas,
plus ladre que le roy Midas :
par luy le prendrons pour l'occire.

Cependant est remonté sur son asnesse Jhésus et passe, et l'acclame le peuple en agitant les rameaux.

Le peuple *chante.*

Noël à Jhésus, nostre sire,
le roy que nostre cœur désire,
le saulveur au monde prédit,
que David chanta sur la lyre.
Hosannah filio David!

Cy fine le Ier tableau de la Passion.

LE IIᵉ TABLEAU

En lequel se veoit la Cène de Jhésus avec ses apostres
et institue nostre saulveur le très doulx et divin sa-
crement d'Eucharistie.

*Or notez que doibt representer l'eschaffault, à destre une salle
de l'hostel d'Urion, et à séneslre une fontaine jouxte la porte de
la Cité.*
*Et vient S. Pierre avec S. Jehan. S. Jacques et Judas emprès la
fontaine, et dict :*

I

S. Pierre.

Jehan, le maistre a dict : « Le temps vient
» de célébrer comme il convient
» la Pasque; or vous appresterez,
» Pierre et vous, Jehan, et vous irez,
» avec Jacques nostre cousin,
» en la cité, par droict chemin;
» lors, à vostre encontre viendra
» un homme, lequel portera
» un vaisseau, d'eau pure remply.

S. Jehan.

» Suivez-le, rentrez avec ly [1]
» et au seigneur de son hostel
» tenez, en mon nom, discours tel :

1. Lui, orthographe de Gréban.

» Nostre maistre, par nous te mande
» que tu nous moutres place grande
» en laquelle il puisse parfaire
» sa Pasque, qu'avec toy veult faire
» et tous ses disciples unis.
» Alors vous offrira logis
» et cénacle de haulte allure. »

Icy sort Piragmon, porteur d'eau, de l'hostel d'Urion, son maistre, et va vers la fontaine.

Piragmon.

O fontaine très claire et pure,
grand plaisir prends à te voir naistre.
Pour ma panse un petit[1] repaistre,
voicy de pain un bon loppin
à bouter en mon canepin[2];
mais, pour estre plus frais aux dents,
je le mouillerai cy-dedans,
s'en aura saveur plus friande.
Ha! Dieu d'Israël, quelle viande[3]!
c'est bien pour avoir claire voix.
Or suis-je chargé : je m'en vois[4]
pour crainte de moy faire attendre.

Icy retourne Piragmon en l'hostel.

S. Pierre.

Par ce, frères, pouvons entendre
ce que le maistre a voulu dire :
suivons cest homme.

1. Un peu.
2. Gibecière, et au figuré estomac.
3. Nourriture.
4. M'en vais.

S. Jehan.

Il se retire
en un logis icy emprès.

S. Pierre.

Il convient donc entrer après.

Icy entrent lesdits apôtres en l'hostel d'Urion et salue S. Pierre ainsy :

S. Pierre.

Seigneur, Dieu gard vostre domaine !

Urion.

Or me dites qui vous amène.

S. Pierre.

Nostre maistre, par droicte voie,
icy devers vous nous envoie,
pour l'amitié qu'il a de vous,
et vous supplie[1] de par nous
qu'il puisse en vostre hostel s'asseoir.
et sa Pasque faire ce soir :
tel est ce que Jhésus désire.

Urion.

Ha ! Jhésus, le bon et doulx sire,
soit-il cy le très bien venu !
Grandement à luy suis tenu,
et répute à moult grand honneur
que le bon et vaillant seigneur
me daigne venir visiter.

1. L'*e* muet se prononce.

S. Jacques.

Il est temps de tout apprester,
et que chacun son devoir fasse
de besogner.

Urion.

Voicy la place
en laquelle serez logés;
et ne veux que vous épargnez
ustencile de mon hostel;
prenez et d'autant et d'autel[1] :
tant qu'il y a vous abandonne.

S. Pierre.

La place est très-notable et bonne
et très grandement nous suffit;
Celuy qui ciel et terre fit
vous rende vostre bienveillance.

Urion.

S'il vous fault argent ou finance,
ou vivres pour la cène faire,
à peine de me moult desplaire,
ne m'espargnez en nul endroict.

Judas.

Grâces à vous! Mais il est droict
que je m'enquerre, sans offense,
comment vous solder la dépense
quand ce viendra de rembourser;
car sachez que suis leur boursier,
et nostre pécune est légère.

1. Tant et tel que vous voudrez.

Urion.

Vous me faictes injure, frère,
ce que j'offre est de bon couraige :
sans avoir grands biens, encor ai-je
de quoy donner suffisemment.

*Icy rentre Urion en une autre salle de son logis pour vacquer
aux apprests du repas, avec Jacques et Jehan, mais Judas demeure
en la salle et dict :*

Judas.

Je suis bien simple et bien dément,
quand mon estat je considère,
de me tenir à la misère
en abandonnant les honneurs
et vasselage des seigneurs
pour servir celuy que je sers.
Il nous mène par les déserts,
povres, affamés comme esclaves,
et haïs comme gens espaves[1],
sans avoir ni posséder rien.
Nous sommes assez gens de bien
pour un plus riche homme servir
et plus de profit desservir.
C'est à nous trop grand négligence
et à luy trop fol arrogance
d'avoir douze hommes avec luy :
un pairage tel que cestuy[2]
à son estat point ne consonne.
Qu'est-ce de luy? simple personne !
En son estat très indécent
de quoy vit-il? de ce qu'on donne!

1. Perdus, c'est-à-dire des vagabonds.
2. Celui-là.

Quel homme est-ce? un pauvre innocent!
Qui en dit bien? Qui bien en sent?
De qui est-il aimé? de peu!
Qui le hait à mort? plus de cent!
Mais je vois bien où gist le neu[1],
et sais comme il me faut pourvoir
à conquerre bien et avoir.
Fi de pauvreté détestable!

*Icy sort Judas hors de la salle cependant que Jhésus entre
avec les aultres apostres et dict à Urion.*

II

Jhésus.

Paix soit en cest hostel notable
et à tous habitans en luy!

Urion.

Bienvenant sire, il n'est celuy
de ma famille ou de nous tous
qui ne soit très heureux de vous
et de si hautaine[2] faveur.

Jhésus.

Bénie[3] soit vostre ferveur
pour moy et tous mes commensaulx.
    Mes frères et amis loyaulx,
que sur tous ai voulu choisir,
j'ay désiré, par vray désir,

1. Nœud.
2. Haute.
3. L'e muet se prononce.

ceste pasque avec vous manger
avant que vienne le danger
de la passion que j'attends.
Ecoutez, amis, car le temps
de vous préparer est venu.
Vous avez autrefois connu
comment je vous ay envoyés
prescher les peuples desvoyés
en mainte saison dure et male,
sans sac, sans souliers et sans malle,
et sans avoir, bourse ou pécune.
Vous a-t-il failly chose aucune
en la voie allant et venant?

S. Pierre.

Riens.

Jhésus.

Aultre temps est maintenant.
Je vous dis et vous en souvienne :
qui aura son sac, si le prenne!
Et qui n'a point épée[1] preste,
vende sa robe et en achète,
car tant de désolations,
douleurs et persécutions
verrez en un temps qui viendra,
que de nécessité faudra
qu'avec vous portez vostre vivre
par les champs, si vous voulez vivre.

Par le monde vous en irez,
et à haulte voix prescherez
que le haut royaume des cieulx
est proche pour les mal heureux.

---

1. L'e muet se prononce.

Visitez les maladifs corps,
mondez[1] lépreux, redressez torts;
ne possédez riches parures,
trésors ni dorées[2] ceintures.
Ainsy je vous envoie[3] tous
comme brebis entre les loups.
Or soyez sages et prudents :
les dangers sont sur vous pendants;
les princes et juges des villes
vous traîneront en leurs conciles,
sinagogues et tribunaux,
pour y souffrir très cruels maux;
mais quand vous cuideront[4] confondre,
ne tremblez que devez respondre,
car l'esprit de Dieu vostre père,
vos responses guide et modère.
  Or à la loy obéissons
et nos rites accomplissons :
amis, seyons-nous pour la Pasque.

Icy s'approchent Jhésus et les apostres de la table, et rentre Piragmon.

Urion.

Au service que chacun vaque.
As-tu jà préparé l'agneau.
Piragmon?

Piragmon.

  Certes bien et beau,
avec pain. laictues[5] sauvages;

1. Purifiez.
2, 3. L'e muet se prononce.
4. Croiront.
5. L'e muet se prononce.

puis y a de divers breuvages,
ne fut-ce que l'eau et le vin.

Jhésus.

Loué soit le père divin
qui de tant de biens nous pourvoit.

S. Pierre.

Tout est prest, comme chascun voit :
venez vous seoir, grands et menus.

Icy sont tous debout devant la table.

Jhésus.

Benedicite.

Tous *respondent*

Dominus.

Jhésus.

Posita et apponenda
benedicat Dei dextra.

Icy tous se scoient; et quand sont assis, rentre Judas moult embesogné, et luy parle ainsy S. Pierre :

S. Pierre.

'Judas, moult avez demeuré.

Judas.

J'ay, de ce pas, bien laboré[1]
pour nostre maistre et pour vous, frère.

S. Pierre.

Hastez vous pour la Pasque faire.

1. Travaillé.

Jhésus.

Avec nous, amy, viens cy prendre
de cest agneau tant doulx et tendre :
la coutume le veult ainsy.

Lors se scoit Judas avec les apostres, et dict Jhésus :

Mes amis qui seyez icy,
restez, en toute humilité,
riches de noble povreté.
Gardez-vous des subtils présens
des orgueilleux pharisians.
Ils se disent miroir, exemple,
et premiers gouverneurs du temple :
mais s'ils ont or, chevaux et draps
et les grands honneurs à pleins bras,
ce passera comme fumée
saillant de la flamme allumée!
Qu'ils montent si haut qu'ils voudront,
de rien sortis, néant seront,
et je vous dis que les derniers
et les humbles, seront premiers
en le royaume de mon père!

*Iey donne Jhésus à ses apostres le plat qui contient l'agneau
et chascun se sert et mange en ordonnance. Puis se lève de table
Jhésus.*

S. Pierre *parle à son voisin.*

Nostre maistre avec grand mystère
se lève.

S. Jehan.

Levons-nous aussy.

S. Jacques.

Ne devons demeurer ainsy.

Jhésus *parle à Piragmon.*

Mettez-moy en ce grand bassin
de l'eau.

S. Pierre.

Je ne voy son dessein.

Jhésus.

Venez cy, Judas, venez près :
à vous, à vos frères après,
je veulx donner bel exemplaire
d'humilité.

Judas.

Pour vous complaire,
Messire.

*Icy se met à genoux Jhésus devant Judas et luy lave les piés,
puis ensuite va à S. Pierre.*

S. Pierre.

C'est indignité
que souffrir tel humilité.
Ja Dieu ne plaise qu'il advienne
que mon maistre devant moy vienne
pour si bassement me servir.

Jhésus.

Pierre, il te convient obéir;
lorsque j'aurai lavé vos piés,
vous serez tous purifiés.
Las! non pas tous : dans vostre nombre
tel y a que péché encombre.

*Icy lave Jhésus les pies a tous les apostres, et ce pendant
parlent ainsy :*

S. Jacques.

O marque d'une amour profonde
et de parfaicte humilité !
Ainsy nostre maistre a tenté
de laver les péchés du monde!

S. Simon.

C'est signe de grand charité.

S. Jude.

Ce fust à nous, en vérité,
de laver ses piés vénérables.

Icy vont tous reprendre leur place à table et dict Jhésus :

Jhésus.

Frères très chers et amiables,
avez-vous bien compris le faict[1]
de cet office que j'ai faict?
Chacun de vous me porte honneur
et m'appelle maistre et seigneur
passé maints jours et maintes nuicts;
et bien dites, car je le suis.
Et donc si je, seigneur et maistre,
tant humblement me veuil soumettre
que d'avoir tous vos piés lavés,
par moy bel exemplaire avez
que tant plus debvez estre doulx
et serviables entre vous.

Icy commencent à jouer les instruments.

1. D'après la métrique du temps, les mots riment entre eux en changeant de nature grammaticale, et avec leurs composés.

Faictes ainsy comme je fais.
Depuis long temps désir avais
de faire avec vous ceste feste
en laquelle est assez honneste
que je prenne congé de vous,
car jamais plus, amis très doulx,
je ne boirai ni mangerai
avec vous : et ne le ferai
qu'au haut royaume de mon père.
Or vous veulx, par pensée[1] chère,
bailler, avant ce partement,
mon corps sacramentellement.

Icy prend Jhésus le pain, le bénist et le baille tout en ordre aux apostres et dict :

Chers enfants, prenez et mangez,
cecy est mon corps.

S. Pierre.

Vous jugez
qu'aulcun de nous, sire, en est digne?

S. Jehan.

O haulte prudence divine,
ô nourriture doulce et bonne!

S. Jacques.

Quoy! nostre maistre ainsy nous donne,
par ses mains, son corps glorieux!

Icy prend Jhesus le vin et le bénist semblablement.

Jhésus.

En ce calice précieux

1. L'e muet se prononce.

buvez tous de cœur pur et franc,
car c'est icy mon propre sang
qui pour vous se répandera
et pour le peuple fondera
de ses péchés miséricorde.

S. Jehan.

Sang du Christ, fleuve de concorde,
doulx breuvage, céleste vin,
à ce torrent d'amour divin
lorsque vient s'abreuver mon âme,
charité ardente m'enflamme
et de joie enivre mon cœur.

Jhésus.

Ce pain donc et ceste liqueur
qui mon corps et sang représente,
prenez, par vraie et bonne entente
en la remembrance[1] de moy.
Mes enfants, suis en grant esmoy,
car bref de vous me partirai
et dans la voie où me rendrai
ne pouvez venir à ceste heure.

S. Pierre.

Sire, en quel lieu, quelle demeure
allez-vous? Il n'est durs sentiers
où ne vous suive volontiers :
mon intention y est ferme.

Jhésus.

Et à vous tous dis et afferme[2]

1. Souvenir.
2. Affirme.

que ceste nuict me laisserez,
par crainte me renierez[1],
que disciple avec moy n'aurai,
car est escript : « Je frapperai
le pasteur, lors s'espandront
les ouailles. »

S. Pierre.

Tous s'enfuiront,
mais Pierre ne vous laissera,
ni oncques vous reniera[1],
je le jure et ne m'en dédis.

Jhésus.

Et vraiment, Pierre, je te dis :
avant que le coq ait chanté,
je te le dis en vérité,
ait chanté seulement deux fois,
tu m'en auras renié trois.
Mais je vous dis plus avant même :
l'un de ces disciples que j'aime,
l'un de vous, las! me trahira
et ceste nuict me livrera
aux juifs[2] dont je suis haï.

S. Jehan.

Quoy, maistre, vous serez trahi!

S. Jacques.

Et ce sera par un de nous!

S. Pierre.

Qui donc, maistre, désignez-vous?

1. L'e muet se prononce.
2. Deux syllabes.

Dites-le, nous le saisirons,
et devant tous le destruirons
et les autres prendront exemple.

Jhésus.

Ma parole est bien claire et ample :
l'un de vous, hélas! sans remord,
va toucher le prix de ma mort.
Ha! sera de malheur grand somme
à qui livre le fils de l'homme,
mieux vaudrait qu'oncques ne fust né!

S. Jacques.

Qui donc est ainsy désigné?

S. Jehan.

Parlez-vous de vos commensaux?

Jhésus.

L'un de mes douze principaux
qui de sa main osa toucher
avec moi au plat pour manger
avant demain me trahira.

S. Pierre.

Et qui donc, maistre, l'osera?

S. Jacques.

Ferai-je vers vous telle offense?

S. Mathieu.

Serai-je traistre, en conscience?

S. Philippe.

Et moy?

S. Jehan.

Et moy?

S. Simon.

Et moy, seigneur?

S. Jude.

Est-ce pour moi ce déshonneur?

Judas.

Puisqu'on fait enqueste si forte,
respondez, est-ce moi. Raby[1],
suis-je pas loyal de la sorte,
serez-vous de par moy trahy?

Jhésus *parle bas à Judas.*

Tu l'as dit.

S. Jehan.

Mon maistre et amy,
par l'amour qu'à vous puis avoir,
vous pry que je puisse scavoir,
secrètement par quelque signe,
celuy de qui la fourbe insigne
machine telle trahison.

Jhésus.

Pour la doulce inclination
Que j'ay à toy, viens sur mon cœur.

Icy pose S. Jehan la teste sur la poitrine de Jhésus.

Regarde, Jean, le trahiteur

---

1. Maître.

est l'apostre qui de ma main
recevra ce morceau de pain.

*Icy tient Jhésus un morceau de pain en la main et Judas le
prend en disant :*

Judas.

Or, ce prendrai-je par amour.

*Icy parle à Judas l'esperit de Satan et ce pendant jouent les
instruments moult profondément le refrain d'enfer.*

Sathan.

Tu fais icy trop long demour[1],
meschant homme, couard et nice,
que n'achèves-tu ton office
dont tu as ja reçu l'argent?
Que fais-tu avec ceste gent?
Va-t'en achever ton ouvrage.

Judas.

La trahison de mon courage
ne se peust oster ni refreindre[2];
le feu n'en sauraient[3] esteindre
toutes les gouttes de la mer!

Jhésus.

Judas, te convient consommer
ce que tu as haste de faire.

Icy sort Judas.

S. Jacques.

Si hastif où va notre frère?

1. Séjour.
2. Réfréner.
3. En trois syllabes.

S. Pierre.

Il a moult grand besogne es mains.

Jhésus.

Chers amis, et frères humains,
entretenez fraternité
en vraie et ferme charité;
ne portez courroux ni rancune,
et s'il advient par chose aucune
que dissention s'entre émeuve,
la crainte de Dieu vous promeuve
à vostre vouloir ordonner
si[1] que tout puissiez pardonner.
Car qui n'aura à son prochain
charité, sache de certain
que Dieu ne lui pardonnera
ni dans ses maux secours n'aura.
Paix soit toute vostre richesse,
paix soit toute vostre liesse;
paix est un trésor et avoir
que meilleur ne pouvez avoir;
et sur tout ce que vous commande,
charité je vous recommande :
si de celle vous vous armez,
vrais filz de Dieu serez clamés.
Par charité pouvez mérir[2],
sans elle, ouvrer n'est que périr[3],
et l'homme n'est à Dieu porté
que sur l'aile de charité.

1. De sorte que.
2. Mériter.
3. Toute œuvre est vaine.

Pour ce, veux-je dire à mon père,
pieusement, ceste prière :

Icy se mect à genoux Jhésus et ses disciples avec luy.

Nostre père, qui es aux Cieux,
que ton nom soit sanctifié!
vienne ton règne glorieux,
soit ton vouloir magnifié
au ciel, sur terre et en tous lieux.
Donne-nous aujourd'huy le pain quotidien
 et nous remets nos debtes,
comme les remettons, de cœurs francs et
[honnestes,
à tous nos débiteurs d'huy et du temps ancien,
en la tentation, seigneur, ne nous amène,
mais de tout mal délivre-nous. Amen!

Cy fine le IIe tableau de la Passion.

LE IIIᵉ TABLEAU

En lequel on veoit comment les desloyaux Juifs prirent
nostre Saulveur au Jardin des Olives.

Et notez que doibt l'eschaffault figurer ledict jardin
avec la porte par laquelle entrera le trahitre et félon
Judas.

*Et premier s'advance Jhésus avec les onze apostres fidèles, ce
pendant que s'avance d'austre costé Nostre-Dame vers son filz.*

I

Jhésus.

Paix soit à vous, ma chère mère,
et vous doint tout vostre désir.

Nostre-Dame.

O fils, ma joie et mon plaisir,
longtemps ay esté en absence
. de vous, mais par vostre présence,
j'ai le cœur trestout resjoui.

Jhésus.

De trop long temps n'avais ouï
mots si tendres, ô chère mère.

N.-Dame.

O mon fils, j'ay tristesse amère
des piteux mots et douloureux
destresseux et mal savoureux

ii

dont autrefois m'avez servie
en disant que de ceste vie
brèvement vous faudra partir.

Jhésus.

Je ne me dois pas départir
de ce que Dieu m'ordonnera;
Mère, l'heure s'approchera
que la chose soit accomplie.

N.-Dame.

Hélas! mon fils, je vous supplie
que jamais vostre corps n'habite
en ceste cité tant maudite
où vous avez tant d'ennemis,
tant d'envieux, si peu d'amis.
Vous voyez qu'il n'y a personne
qui un morceau de pain vous donne,
et, dussiez-vous de faim périr,
nul ne vous ose secourir;
ainsi sont-ils accouardis
par ces pharisiens maudits,
dont rien, fors trahison, ne vient.
Hélas! si la chose parvient
qu'en leurs mains vous soyez livré,
par qui serez-vous délivré?
Pourra le peuple contredire?
Vous voyez qu'il n'ose mot dire
sur ces pharisiens mauvais.
O mon fils, n'y allez jamais!
ne veuillez pas abandonner
vostre mère, pour vous donner
à ceux qui vous veulent détruire.

Jhésus.

Ma mère, je me dois conduire

ainsy que mon père l'a dict.
Dans l'Escripture il est escript :
« J'ai nourri mes enfants assez,
» puis eslevés, puis exaulcés,
» et puis m'ont desprisé enfin. »
Rien n'est de prophétie en vain,
et pour endurer ceste peine
ai-je formé ma chair humaine
en vos entrailles vénérables;
pour sauver les hommes coupables,
mon corps doit estre à mort traicté;
cecy fut dict et décrété
pour l'humaine rédemption;
et par ma seule passion
entrera l'homme en Paradis.

N.-Dame.

Ja Dieu ne plaise, mon cher fils,
bien que mon amour s'y oppose,
que j'empesche si haulte chose :
humble, sans répugner jamais,
à vostre vouloir me soubmets.
Mais aussy, n'est-il pas licite
que moy, vostre mère petite,
vous consentiez un peu ouïr
et en quelque chose obéir?
Daignez écouter ma requeste :
ô fils tant doulx et tant honneste,
vois le ventre qui t'a porté
et le sein qui t'a allaicté
le temps de ta tendre jeunesse,
et considère ma faiblesse
qui ja résister ne sçauroit

au grief deuil qui me viendroit
à te voir la mort endurer.

Jhésus.

Ma mort doibt les hommes sauver.

N.-Dame.

Ah! s'il faut que cela se fasse,
au moins accordez-moi la grâce
que mort vous soit brève et légère.

Jhésus.

Je mourray de mort très amère.

N.-Dame.

Non pas fort villaine et honteuse?

Jhésus.

Mais très fort ignominieuse.

N.-Dame.

Doncques bien loin, s'il est permis?

Jhésus.

Au milieu de tous mes amis.

N.-Dame.

Mourez donc comme les barons?

Jhésus.

Je mourrai entre deux larrons.

N.-Dame.

Du moins en secret et sans voix?

Jhésus.

Ce sera hault pendu en croix.

N.-Dame.

Vous serez au moins revestu?

Jhésus.

Je serai attaché tout nu.

N.-Dame.

Attendez l'âge de vieillesse?

Jhésus.

En la force de ma jeunesse.

N.-Dame.

Ne soit vostre sang répandu!

Jhésus.

Je serai tiré et tendu
tant qu'on nombrera tous mes os,
et sur tout mon flanc et mon dos
frapperont pécheurs de mal pleins,
puis fouiront mes pieds et mains
de plaies[1] profondes et grandes.

N.-Dame.

A mes maternelles demandes
ne donnez que responses dures.

Jhésus.

Accomplir fault les Escriptures.
Ma mère, Isaïe a escript :

---

1 L'e muet se prononce.

« Le fils de Dieu sera proscrit;
» ses bourreaux seront sans pitié,
» et depuis la plante du pié
» jusqu'au chef, il sera sanglant. »

N.-Dame.

Las! las! ô spectacle dolent,
torture plus que mort affreuse!
O pauvrette mère angoisseuse,
ne puis-je donc rien obtenir?

Jhésus.

Las! je voudrais vous soutenir,
mais le glaive de la douleur
vous doibt percer l'âme et le cœur.
Et cependant, vous confortez,
ma mère, et haut le cœur portez,
car du deuil de vostre pensée
serez en tout récompensée
en joie et exultation
après ma résurrection :
alors je vous visiterai
et vostre cœur esclaircrai
de joie et parfaicte lumière!

N.-Dame.

O fils, quoi que je vous requière,
au moins ne voulez-vous m'entendre?
C'est donc vray, il faut congé prendre!
Que tristement je vous écoute,
car, de ce congé, je ne doubte
qu'il ne doive estre le dernier!
Mais, las! je ne puis dénier
que c'est la volonté divine,
et devant elle je m'incline :

4

baisant vos mains, d'amour profonde,
comme la chose de ce monde
qui m'est la plus tendre et plus chère,
je vous rends à Dieu, vostre père.
Adieu, mon fils!

Jhésus.

Adieu! ma mère.

Icy, moult pileusement se despart Nostre-Dame de Jhésus et dict Jhésus aux apostres :

II

Jhésus.

Frères, veuillez vous écarter
ce pendant qu'icy vais rester
afin de prier Dieu mon père
dessus la passion amère
que je sens moult fort approchant.
Et, pour ce qui vous est touchant,
priez, par humble affection,
pour éviter tentation;
paresse est mauvaise de soy.

Pierre, venez avecque moy,
vous, Jean, et Jacques vostre frère.

Icy se retraict encore plus loing et se met à genoux et s'entend très dolente musique disant l'angoisse du Saulveur.

Quand la peine bien considère
en laquelle me faut passer,
j'ai peur plus qu'on ne peut penser,
mon âme se douloie[1] fort
et est triste jusqu'à la mort.

---

1. L'e muet se prononce toujours.

Père du ciel, créateur souverain,
de ces beaux cieulx ornateur primerain
qui tout connais par ton hault presçavoir,
regarde icy ton fils doulx et humain
tant angoissé d'un ennuy si grevain
qu'il n'est en cœur d'homme de le sçavoir.
Las! j'aperçois la passion honteuse,
la dure mort, la peine despiteuse
qui s'appreste[1] pour mon corps consommer.
Ce calice[2] m'est durement amer,
ô père bon, s'il te semble possible,
oste-le moy, si tant me veux aimer,
car le gouster me semble moult terrible!

Terrible m'est, et la mort plus cruelle
qu'oncques portast créature mortelle.
Je la connais, je la sens, je la vois!
La fresle chair la redoute et chancelle,
et tant la craint que n'a mès que la voix!
Ha! je recours à ta protection,
du faible corps prends donc compassion
qui de son deuil ne se peut point distraire.
Je te requiers, père très-débonnaire,
père clément et des justes le plus,
exaulce-moy si cela peut se faire;
j'ai moult de peine, épargne le surplus!

Icy se lève Jhesus et vient aux apostres et les trouve dormans.

Zèle de faible volonté!
C'est à toy grand fragilité,
Pierre, de si fort sommeiller.
N'as-tu pu avec moy veiller

1, 2. L'*r* muet se prononce.

une povre heure seulement?
Veillez, enfants, soigneusement,
priez aussy, car l'heure est brève.

Icy retourne Jhesus prier.

S. Pierre.

C'est à nous faulte moult griève :
bien meschant celuy qui sommeille
lorsque son maistre prie et veille;
mes frères, un peu vous levez.

S. Jehan.

Nous avons les yeux trop grevés
du grand sommeil qui nous abat.

Jhésus *estant à genoux.*

En moy sens le plus fort débat
qu'oncques endura créature.
Regarde ma fresle nature,
père, vois ton fils chanceler;
regarde les gouttes couler
de sueur pénible à merveille,
de sueur comme sang vermeille!
O père, ne m'oublie[1] mie,
regarde la forte agonie
que mon cœur ne peut plus souffrir.
O père, à toy me viens offrir,
allège-moy ceste sentence!

Icy paroît S. Michel en le Paradis et s'entend une musique céleste consolant l'agonie de Nostre Seigneur.

S. Michel.

Fils de Dieu, parfaicte puissance,

1. Prononcez en trois syllabes.

prenez en vous ferme constance.
Venez entrer en la bataille,
de laquelle, sans nulle faille,
eschapperez victorieux!
O hault fils de Dieu glorieux,
ne redoutez point cest assault,
car vostre vouloir est plus hault
que ceste charnelle faiblesse.
Par vostre mort, sa grand noblesse
l'homme à jamais recouvrera
et grâces toujours vous rendra.
Levez sus! hault médiateur,
allez estre réparateur
de l'offense tant misérable
qui, sans vous, n'est point recouvrable.
Prenez tost la pierre et la fronde
qui Goliath tue et confonde
sans qu'il se puisse recouvrer.
Venez à ceux confort livrer
qui sont en la chartre[1] attendans,
et de tout leur pouvoir tendans
à voir vostre doulce présence.

Jhésus.

O père de magnificence,
bien voy que vers moy t'humilies
et qu'au besoin pas ne m'oublies.

Je sens en moy une envie[2] soudaine
de fourbannir ceste crainte mondaine
qui, dans ses lacs, mon cœur avait saisy;
et en voyant toute nature humaine

1. Prison.
2. L'e muet se prononce.

tant obligée à dommageable peine _
qui, sans ma mort, ne peut avoir mercy,
je suis tout prest et à mort me soubmets.
En vain le corps qui n'y consent jamais
contre douleur se roidit et rebelle;
l'esprit est prompt, non obstant la chair
et le vouloir sensuel est dompté.   [fresle,
J'entends ta voix, ò Père, qui m'appelle;
soit faicte donc ta haulte volonté!

Icy se leve Jhesus et vient aux trois apostres, et les trouve encore dormans.

Or levez-vous, mes doulx amis;
il n'est plus temps estre endormis :
on va livrer le fils de l'homme!

III

Icy paroist a la porte du jardin Judas conduisant la troupe des Juifs.

Judas.

Jà nostre œuvre se parconsomme,
seigneurs; je vois la compagnie
de Jhésus tout ensemble unie,
ils sont tous à vostre vouloir.

Jhéroboam.

Des disciples n'en peut challoir,
ce sont povres gens de labeur;
nous ne voulons que le docteur
pour corriger sa discipline.

Judas.

Or vous souvienne donc du signe
que je vous baillay au partir :

celuy-la vous faut investir
que d'un baisér désignerai.

Malchus.

Moy premier l'appréhenderai.

Jhéroboam.

Faites silence!

Icy s'advance Judas vers Jhésus et l'embrasse en disant :

Judas.

Ave, Raby!

Jhésus.

Amice, ad quid venisti,
toi qui fais si dévot salu[1]?
Il t'aura moult petit valu.
O Judas voicy dure somme :
sous ombre d'un baiser pollu,
tu viens trahir le fils de l'homme.

Jhéroboam.

Soudarts, le prenez et liez!
Que séjournez-vous : vous voyez
que son vendeur le vous désigne.

Icy hesitent les archers.

Malchus.

Ne sçais par quel seing ni quel signe
mais nous sommes tout esbahis.

Jhésus.

Que quérez-vous cy, mes amis?

1. Orthographe de Greban.

Gueulu.

Jhésus de Nazareth.

Jhésus.

Ce suis-je.

Icy cheent à la renverse tous les archers.

Malchus.

Voicy dommageable prodige
et cruelle tresbucherie!
qui diable me tient atterré?

Jhéroboam.

Aultrefois vous ai déclaré
qu'il sçait beaucoup d'enchanterie.
Sus, ribauds, Dieu en ait maugré!
En despit de tresbucherie,
que nostre prise se parfasse!

Jhésus.

Levez-vous sus de ceste place,
gens!

Icy se relevent de terre les archers.

Jhéroboam.

Or, saillez sus au villain!

Malchus.

Pardieu, j'y mettrai bien la main
et le saisirai à ce cop.

*Icy s'advance Malchus pour saisir Jhésus, et le frappe S. Pierre
d'une espée en disant :*

S. Pierre.

Ce meschant cy s'advance trop,
que ce horion l'appareille.

Malchus.

Haro! je n'ai plus qu'une oreille,
le ribault m'a l'autre coupée!

Jhésus.

Pierre, reboute ton espée :
cil[1] qui de glaive frappera
de glaive aussi perdu sera;
si mon Père en avais prié,
sçais-tu point qu'il m'eust envoyé
anges armés par légions?
Mais il faut que les visions
aux saincts prophètes révélées
soient[2] en moy vérifiées.

Icy parle Jhesus à Malchus et luy touche l'oreil'e.

Mon amy, approche de moy :
j'ay grand compassion de toy
pour le coup qui te fut donné.

Malchus.

Ho! Je me tiens moult estonné :
voila mon oreille remise!

Jhéroboam.

Tost! que sur luy la main soit mise,
ribauds, ne musardez pas tant.

---

1. Celui.
2. En deux syllabes.

Roullart.

Sire, je m'en vais tout battant
vous l'appréhender. Il est nostre!

Icy s'advance Roullart et prend Jhésus, et tous les archers
viennent à son ayde et rient de Jhésus quand est saisy.

Dentart.

Il ne dit plus de patenostre.

Roullart.

Il ne sçait plus d'enchanterie!

Gueulu.

C'est pour luy la tresbucherie
à ceste heure. Mets une corde
à son pied, Dentart.

Dentart.

   Je l'accorde,
et serrerai avec vigueur.

Jhésus

dict aux archers cependant que le lient :

Pourquoy comme vers malfaicteur
qui de prud'hommie n'a cure,
à moy venir par nuict obscure
pour furtivement me saisir?
Vous pouviez cela accomplir
quand tous les jours au temple estoie
et que le peuple admonestoie.
Pourquoy là ne m'avez tenu
quand en vos mains je suis venu?
Mais puisque me voulez grever,
vous pouvez vostre œuvre achever :

vostre subjet me retenez
et à mes gens congé donnez ;
en vostre volonté me mets.

Icy sont saisis de grand peur les disciples.

S. Pierre.

Frères, saulvons-nous ou jamais :
voicy gent toute forcenée ;
ja ne verrons aultre journée
s'ils nous tiennent, je vous promets !

S. Jehan.

Remède n'y vois désormais,
la puissance leur est donnée !

S. Jacques.

Frères, sauvons-nous ou jamais,
voici gent toute forcenée !

S. Mathieu.

Nostre mort est toute attornée,
c'est fini de nous désormais.

S. Jude.

Ja ne verrons aultre journée
s'ils nous tiennent, je vous promets :
fuyons ceste gent forcenée !

Icy s'en fuient les disciples, mais regardent de loing S. Pierre et
S. Jean.

Roullart.

Nostre cordelle est attornée,
et n'est plus le temps de rester.

Sus! troussez avant, magister,
vous entrez en male sepmaine!

S. Jehan.

Pierre, vous voyez qu'on emmène,
nostre maistre trop mal traicté.

S. Pierre.

J'en ay au cœur si grand pitié
que le cœur me fond tout en lermes[1],
et nous sommes montrés mal fermes
de le laisser en son besoin.

S. Jean.

Or, ami, suivons-le de loin.

Cy fine le IIIe tableau de la Passion.

1. Larmes.

LE IVᵉ TABLEAU

En lequel on veoit nostre Saulveur conduict
devant Caïphe.

*Et notez que doibt l'eschaffault figurer à senestre la court de
l'hostel de Caïphe et à dextre la porte de l'hostel de Pilate, avec
la fenestre de la chambre a la femme Pilate.*

I

*Et à la porte de la court doibt heurter Jhéroboam et ses archers
admenant Jhésus.*

Jhéroboam.

Hola! portière, ouvrez-nous l'huis!

Marcelle.

Qui estes-vous là?

Jhéroboam.

    Qui je suis?
Je ne suis pas seul, ne te chaille ;
et nous sommes gens de bataille
qui avons grand besogne faicte.

Marcelle.

Admenez-vous ce faulx prophète
que le peuple appelle Jhésus?

Roullart, *archer.*

Ouy.

Marcelle.

  Si serez les bienvenus,
mon maistre en aura grand plaisir.

Roullart.

Le voilà selon son désir :
regardez, est-il bien piteux!

Marcelle.

Il fait certes le marmiteux
et a minable contenance.
Or entrez par belle ordonnance,
mais vous seuls ou gens d'icy près,
ce m'est ordonné par exprès
de la bouche de monseigneur.

Roullart.

Nous sommes trestous gens d'honneur,
de franc courage comme comtes,
n'en doubtez.

Marcelle.

      A donc tu t'y comptes,
sanglant bedeau?

Roullart.

      Et pourquoy non?
Apprends que Roullart est mon nom.

Marcelle.

Roullard! voire c'est nom de roy!

Roullart.

Il faict un vray gibet de froid,
le cœur me tremble de destresse.

Marcelle.

Voicy des fagots à largesse,
il n'y faut que bouter le feu.

Icy baille Marcelle des fagots aux archers lesquels y boutent le feu.

Roullart.

Bon ! c'est de quoy chauffer un peu
les soldats et le capitaine.

Icy se présentent S. Jean et S. Pierre pour entrer en la court de Caïphe et dict S. Jean a Marcelle :

S. Jehan.

Dame, vers moi soyez humaine,
ne puis-je estre avec vostre gent?
J'ai esté des fois plus de cent
céans, pour vendre du poisson;
permettez qu'en vostre maison
j'ay place au feu, car il fait froid.

Marcelle.

Entrez, Jehan[1], chauffez-vous le doigt.

S. Pierre.

Vous plairoit-il qu'aussy j'entrasse,
dame, par vostre courtoisie?

Marcelle.

Que te faut-il?

S. Pierre.

Par vostre grâce,
vous plairoit-il point que j'entrasse,
il faict si froid, je me chauffasse,
et je suis icy à la pluie !

1. Prononcez Jean.

Vous plairoit-il point que j'entrasse,
Dame, par vostre courtoisie?

Marcelle.

Videz! vous n'y entrerez mie,
si de vous connaissance n'ay.
Qui es-tu?

S. Pierre.

Certes, je ne sçay :
je suis un povre adventuré
qui suis cy tant enfroiduré
que je ne sçais comment il m'est.

S. Jehan.

Dame Marcelle, s'il vous plaist,
laissez l'entrer, à ma requeste :
il est bon prudhomme et honneste,
aussy bon que vous vistes huy.

Marcelle.

Mais le connaissez-vous bien?

S. Jehan.

Ouy,
et vous responds de sa personne.

Marcelle.

Sur vostre assurance luy donne
congé d'entrer pour ceste fois.

Icy vient S. Pierre se chauffer au feu, et Cassandre, la deuxieme servante, l'aperçoit et dict :

Cassandre.

Quel est cest homme que je vois

se bouter près de nostre feu?
Il m'est advis que je l'ai veu
bien souvent en ceste cité.
Viens ça, homme, dis vérité :
n'es-tu pas disciple à celuy
que monseigneur tient devant luy?
Je te vois comme luy vestu.

S. Pierre.

Qui, moy?

Cassandre.

Voire toy, qui es-tu?
te l'oserai-je demander?
Messeigneurs, venez regarder
cest homme, car je tiens qu'il est
des gens Jhésus de Nazareth ;
ensemble on les voyait toujours.

S. Pierre.

Femme, prends garde à tes discours,
qui est ce Jhésus? Quant à moy,
je ne sçay, je ne le connoy
ni oncques son disciple fus.

Cassandre.

Par ton langage tout confus
pourtant la chose est décelée
que tu es né en Galilée :
ne peux contredire cecy.

S. Pierre.

Femme, ne parle pas ainsy,
tu me fais une grande offense.

5

Je te jure en ma conscience
que je ne connois ce Jhésus.

Roullart.

Nous veux-tu bourder là-dessus?
Par le gibet! meschant badin,
certes, je te vis au jardin
en lequel Jhésus fut saisy.

Gueulu.

Soubvenir m'en revient aussy :
advis m'est que je t'ai choisy
coupant l'oreille à mon cousin.
Certes, quand Jhésus fut saisy,
tu l'accompagnais au jardin.

S. Pierre.

Tourner puissé-je à male fin
et mourir de Dieu renié,
maudict et excommunié,
si, puis l'heure de ma naissance,
j'eus de cest homme connoissance!

*Icy chante le coq par deux fois, et à la deuxième Jhesus re
garde a S. Pierre.*

S. Pierre.

O povre et fresle créature,
tant male, félonne et parjure,
quel[1] horreur m'est-il advenu!
à quel meschef suis-je venu!
Or connois-je que j'ai faussée
la foy que dusse avoir montrée

1. L'adjectif placé devant le nom ne s'accorde souvent pas.

à mon maistre loyal et cher :
qui peut plus griefment pécher?
Est-il créature mortelle
qu'oncques eut inconstance telle?
A un seul regard qu'il m'a faict,
j'ai recounu que j'ai meffaict.
Et pourtant je me partirai,
et en quelqu'autre part irai
mon offense pleurer et plaindre,
ni jamais ne m'en vouldray faindre
tant que je puisse avoir le don,
par mon maistre, de vrai pardon!

Icy s'en va plorer S. Pierre en la fosse, et ce pendant l'huissier de Caiphe annonce l'entrée du grand prêtre.

II

Maucourant, *huissier*.

Or, soudarts, place sans targer,
le grand prestre vient pour juger
l'homme qu'à luy on a conduict.

Et ensuyvant entre Caiphe grand prebstre avec les princers des pharisiens, scribes et docteurs de la loy et se va Caiphe seoir sur sa chaire cependant que les archers admenent Jhesus par devers luy.

Caïphe.

Viens ça, meschant homme et mal duict;
ce qu'on dict est-il véritable
que, par voie très détestable,
tu t'appliques et étudies
à rompre nos cérémonies,
preschant ne sçay quelles fabuses

dont le peuple menu abuses?
On te charge encor d'autre crime :
tu demeurerais, toi trézime[1],
avec des ribauds, tes compaings,
disant que n'en veux plus ne moins ;
par quoy, à plusieurs sembleroit
que ce nombre te serviroit
pour faire aucunes sorceries
ou charmes ou enchanteries
dont tu es ouvrier subtils.
De quoy ces gens te servent-ils?
tu les mènes de ville en ville
mal vestus d'une robe vile,
et vont truandant d'huis en huis
par paresse à quoy les induis ;
maigres sont et meurent de faim,
que ne vont-ils gagner leur pain,
et quel soin t'est venu haster
de les tirer de leur mestier?
Or, dis-moi, par sures enseignes,
quelle doctrine leur enseignes.
Si tu nous dis que Dieu l'a faite,
tu te tiens donc pour grand prophète,
quand Dieu t'approche de si près
qu'il te révèle ses secrets.
Tu prétends donc qu'elle est divine?

Jhésus.

Tu demandes de ma doctrine :
or, tu la peux cognoistre assez
sans m'interroger, car tu sçais
que j'ai faict sermons et prologues

1. Treizieme.

au temple et en vos synagogues,
en lieu à toutes gens ouvert,
et n'ay rien presché en couvert.
Et donc que n'interroges-tu
le peuple qui m'a entendu ?
il te redira ma doctrine.

Roullart.

Meschant, l'impudence t'incline
à parler au pontife ainsy !

Icy le frappe.

Jhésus.

Si j'ay mal parlé en cecy,
bailles-en ou tesmoing ou preuve ;
mais si mon dire bon se treuve,
dis-moy, pourquoy me frappes-tu ?

Jhéroboam.

De ce meschant villain testu
nous obtiendrons de moins en moins
si n'avons contre luy tesmoings.
Huchez donc vostre poursuivant,
et qu'il aille tout ensuivant,
par ceste cité haulte et bonne,
proclamant que s'il est personne
à qui ce Jhésus ait meffaict,
si vienne exposer son forfaict
devant vous, par obéissance.

Caïphe.

C'est bien dict. Or qu'en diligence
soient[1] nos ordres proclamés.

[1] Deux syllabes.

Icy va le hérault Maucourant proclamer par la ville les ordr
du grand prestre.

Maucourant.

Oyez! Oyez! Oyez! Oyez!
et soyez très-bien écoutans,
tous, citoyens et habitans
de ceste cité renommée.
Par moy ceste chose est clamée :
Sachez que nosseigneurs ont ore[1]
Jhésus devant leur consistore,
lequel ont faict prendre et saisir,
pour ce qu'il a faict desplaisir
à beaucoup de gens et dommage.
Que tout vassal de bon courage
cy vienne requérir son tort,
et Monseigneur se porte fort
de luy bailler bonne audience.

Cy commence a s'assembler le peuple en la place et entrent Nem-
broth, Rabanus et Pharès.

Nembroth, *parle à Rabanus.*

Si vous pensez comme je pense,
tantost nostre escot est gagné.

Pharès.

Et vous aurez bien besogné
pourvu qu'ensuiviez ma chançou.

Rabanus.

Par quel poinct?

1. Maintenant.

Nembroth.

Voicy la façon :
ils haïssent Jhésus à mort,
aidons la haine qui les mord,
et tesmoignons ou vray ou faux.

Pharès.

J'ay de ma part vingt cas nouveaux.

Nembroth.

Ainsy le menons à sa perte.

Icy revient le héraut Maucourant.

Maucourant.

Que l'assemblée[1] soit ouverte,
s'il plaist à vostre honneur, messire.

Caïphe.

Or, messeigneurs, je vous veulx dire,
puisque je vous vois tous ensemble,
pour quelle cause vous assemble.
Un homme de mauvais renom,
nommé Jhésus en propre nom,
a esté remis en nos mains
chargé de plusieurs cas hautains.
et nous voulons de vous enquerre
s'il est homme de quelque terre
qui sache parler de ses faultes.

Rabanus.

J'en connais bien. et des plus hautes.

---

1. L'e muet se prononce.

Il fait une grant assemblée
de simples gens de Galilée,
et il emmène aval les champs
cette grant tourbe de meschants
qui ne vit que de pillerie.

Nembroth.

Il fait mestier d'enchanterie,
et raconte au peuple estonné
qu'avant qu'Abraham ne fust né,
il estoit engendré au monde.

Pharès.

Son faict en sorcerie abonde,
car devant moy et cinq ou six
il a soulagés et guéris
malades par ne sçais quel signe,
et usé d'art de médecine
en nostre sabbat transgressant;
et quand, par le peuple passant,
fut requis pourquoy le faisoit,
respondit que bien le pouvoit,
puisqu'au ciel faisoit Dieu de même.

Caïphe.

Il a donc l'impudence extrème
de se vouloir porter avant
estre le fils de Dieu vivant
descendu du plus hault des cieulx?

Rabanus.

Il a dit en plus de dix lieux
qu'avec Dieu tout luy est commun,
et que son père et luy sont un
en puissance et vertu divine.

Caïphe.

Est-il fallace plus insigne!
Meschant homme, que respons-tu?
est-tu sourd, aveugle ou testu,
quant de tels crimes l'on te poigne?

Nembroth.

Encor hautement je témoigne
qu'il est factieux suborneur
encontre César l'empereur
en se disant roy de Judée.

Pharès.

Il dict : j'ay puissance fondée
de ce temple en trois jours destruire
et en trois jours le reconstruire
en grand nouveauté et hautesse.

Caïphe.

Je meurs de deuil et de destresse,
si fort l'impiété me touche;
les dents me serrent en la bouche
et m'enfle le cœur de despit;
s'il faut que cest homme ait respit
mes jours finiront à douleur.
Vien ça, homme plein de malheur,
mauldite et fourbe créature,
approche de moy : je t'adjure,
par le Dieu vivant qui créa
ciel, terre et tout ce qu'il y a,
que tu me dises en ce lieu
si tu es Christ, le filz de Dieu,
qui des prophètes est prédit?
Jhésus, respons-moi.

Jhésus.

Tu l'as dit.
Mais je vous dis bien plus avant
que vous verrez d'or en avant
le filz de l'homme en gloire claire
seoir à la dextre Dieu le Père,
et venant du lieu supernel
dedans les nuées du ciel
en puissance et vertu suprême.

Caïphe.

Ai-je entendu pareil blasphème!
qu'est-il besoing d'aller plus loing
pour trouver contre luy témoing?
puisque le filz de Dieu se dit,
publiquement *blasphemavit!*

Icy deschire Caïphe ses vestements.

Vous mesmes le blasphème oyez :
que vous en semble?

Jhéroboam.

Ostez, ostez!
Il est coupable de mort grève.

Caïphe.

Vous voyez comment il s'eslève
contre la loy de tous costés :
que vous en semble?

Mardochée.

Ostez, ostez!
il est coupable de mort grève.

Caïphe.

Pour que la sentence s'achève,
il faut porter ce cas mortel
devant le prevost criminel :
menez l'homme à Ponce-Pilate.

Jhéroboam.

Mettons-nous en la voye en haste.

Roullart.

Vien ça, faux trahitre enchanteur.

Dragon.

Marche, larron.

Gueulu.

Marche, menteur.

Roullart *frappe Jhésus au visage.*

Or prophétise-nous, Jhésus :
qui est-ce qui t'a frappé sus?

Cy se départent les juifs et mènent Jhésus devant l'hostel de Pilate; et parle ainsy Jhéroboam a l'huissier.

III

Jhéroboam.

Huissier, monseigneur le prévost
peut-il point saillir aussitost
à son tribunal de justice?

Barraquin, *huissier de Pilate.*

Ce n'est heure certe propice;
vous estes forment[1] matineux.

Jhéroboam.

Pour cas hastif et hasardeux
à prévost tout heure est d'office.

Icy poussent les juifs moult grand clameurs cependant qu'entre Barraquin en l'hostel de Pilate; et sort bientost Pilate sur le perron et dit :

Pilate, *prévost de Judée.*

Qui donc réclame ici justice?
Pourquoy cette gent assemblé
et pourquoy suis-je réveillé
dans la nuict importunément?
quelque trouble soudainement
menace-t-il la république?

Jhéroboam.

Prévost, entends nostre supplique :
c'est un coquin de faulx aloy,
maudict de Dieu et de la loy.
Très digne de mort le trouvons,
mais pour ce que pouvoir n'avons
de l'occire et expédier,
surtout de le crucifier
— et c'est ce que nous prétendons —
nous te le livrons et rendons
pour sentencier du méfait.

1. Fortement.

Pilate.

S'il a en votre loy méfait,
pourquoi ne le jugez vous-mesmes?

Jhéroboam.

Vous seul avez pouvoirs suprèmes.
Ce fourbe a porté grant meslée
en la terre de Galilée;
brouilleur, noiseur et schismatique,
il gaste la chose publique :
il doit périr vite et très bien.

Pilate.

Puis donc qu'il est Galiléen,
en tant qu'il touche cette marche,
c'est à Hérode le tétrarche
de juger; je n'y puis rien voir.

Jhéroboam.

Il est certe en vostre pouvoir.
N'estes vous pas prévost commis
pour punir tous les ennemis
qu'encontre l'empereur on treuve?

Pilate.

Qu'Hérode de ce baille preuve,
et je, prévost, le punirai.
Or mes francs archers hélerai
pour exécuter la sentence.

*Cy se départent les juifs pour conduire Jhesus devant Hérode,
cependant que dict Pilate à Barraquin :*

Pilate.

Barraquin, ne donne audience

à ces juifs très desloyaux
qui sont plus venin que crapauds;
je ne les veulx escouter mie.
Mais huche toute ma meignie
pour battre ce fol cy avant.

Cy rentre Pilate en son hostel et va Barraquin hucher les tourmens [1].

Barraquin.

Sus! réveillez-vous, le convent!
Les coquards sont chauds en leurs plumes,
car ce leur sont vieilles coustumes
de dormir belle matinée. —
Broyfort!

Cy sort Broyeffort de son réduict moult ensommeillé et dict :

Broyeffort, *premier tirant.*

Hola!

Barraquin.

Male journée,
te veuille étrangler Tervagant!
voicy ton patron tout vagant,
aussy esseulé qu'un vieil chien,
et tu dors cy?

Broyeffort.

Et je croy bien :
suis-je trop petit pour ce faire?

Barraquin *huche.*

Claquedent?

Cy sort Claquedent moult lentement du réduict.

1. Les bourreaux.

Claquedent, *deuxième tirant*.

Bé, je vien, je vien.

Barraquin.

Et tu dors cy?

Claquedent.

C'est mon affaire.

Barraquin *huche*.

Orillart?

Cy sort Orillart.

Orillart, *troisième tirant*.

Mais qu'as-tu à braire?

Barraquin.

Monseigneur te huche, tien, tien,
et tu dors cy?

Orillart.

Or, ai-je rien
à matines de mieux à faire?

Barraquin *huche*.

Brayart, fault saillir de ta chaire,
ainsy commande le prévost.

Cy sort Brayart.

Brayart, *quatrième tirant*.

Est-ce pour escumer le rost?
J'ay ma narine toute preste.

Barraquin.

Voicy meignie[1] bien honneste!
Mais n'est point saison de bailler,
adoubez-vous à travailler
à très dure et male besogne.

Claquedent.

Peste du maistre sans vergogne!
fault donc parer fouets et verges?

Barraquin.

Oui, fouets, tenailles, flamberges,
chevalets et toutes douceurs.

*Cy se departent les trans pour parer leurs armes et fouets, et
cependant Nostre-Dame cherchant Jhesus en compagnie des sainctes
femmes, se trouvent à l'encontre S. Jehan et dict :*

IV

Nostre-Dame.

Mes bonnes dames et mes sœurs,
pour Dieu, dites-moy vérité :
où est mon enfant transporté?
j'erre de ruelle en ruelle,
hélas! qui me dira nouvelle
de mon très benoist fils Jhésus?

S. Jehan.

Pour Dieu, ne m'interrogez plus,
ne me demandez plus nouvelle,

1. Maison. domesticité.

car mon cœur débat et sautelle,
mes yeux pleurent, ma bouche plainct,
et suis de douleur sy contrainct
qu'à peine me puis soustenir.

N.-Dame.

A quel deuil, las! dois-je venir?
Ne me célez rien, je vous prie,
car si ja l'heure est accomplie
que mon filz doit mort endurer,
plus ne doit mon cœur murmurer,
autant de douleur soit espris.

S. Jehan.

Ah! ma dame, mon maistre est pris,
bafoué, insulté, meurtris,
sans avoir l'ayde de personne :
on l'injurie, et mot ne sonne;
on le lie, et ses deux bras tend;
on le bat, point ne se défend;
on le mène, point ne rebelle.
Oncques prise si fort cruelle
ne se fit sur homme mortel.

N.-Dame.

O Père puissant éternel,
en ceste douleur très amère,
conforte la dolente mère
que traites à tant de rigueur.

Madeleine.

Dame, dame, prenez bon cœur,
ayez pensée¹ plus hautaine

---

¹ L'e muet se prononce.

que vostre affection humaine,
car Dieu veult qu'ainsy se parfasse.
Hault désir vostre deuil efface :
contemplez les divins mystères
enclos ès douleurs très amères
que vostre cher enfant soutient.

N.-Dame.

Obéir à Dieu il convient.
tel deuil son hault vouloir amène.
Mais je suis femmelette humaine,
la plus simple de tout le monde
où amour si très grant abonde
envers mon filz que tant désire !
Merveille n'est si je soupire,
merveille n'est si mon cœur fend.
et si Dieu fort ne me défend,
je succomberai sous le faix.

Lorsque mes sens sont tant défaits,
je me vouldrai mettre en prière
devant la divine lumière,
pour qu'elle veuille nous sauver
et mon cher enfant préserver.

*Cy se met Nostre-Dame en prière, et cependant harpent le
harpeurs.*

O Dieu glorieux.
père généreux,
ô divine essence
qui de vostre doulce clémence
m'avez départi et donné
fils tant bienheureux,
fils tant précieux,
de haulte excellence.

or vous requiers pour sa défense :
ne le laissez abandonné ;
c'est mon filz, mon unique né.
Ce fut par la bonté divine
que dans mon sein il prit racine ;
mon désir onc ne le requit
n'oncques ne me réputai digne
d'avoir un filz de si hault signe ;
mais, puisqu'à douleur il nacquit,
puisqu'avec moult inquiétudes
l'élevai en sollicitudes,
ô père du ciel triomphant,
veuillez huy garder mon enfant
de ceste gent dure et vilaine.

*Cy se despart Nostre-Dame avec S. Jehan et les sainctes femmes.
Et l'on entend la moult lointaine plaincte des âmes qui, du
Limbe, parvient jusqu'en la terre où va Jhésus, pour la Redemp-
tion des hommes, souffrir maint cruelles douleurs.*

Les âmes *chantent.*

Quand viendras-tu, doulx Messias.
voir la peine qui nous abonde !

Autres *âmes.*

Quand viendras-tu, Saulveur du monde.
nous apporter joie et soulas ?

*Cy respondent par haineux refrains les déables à la plaincte
des âmes.*

Les diables *chantent.*

La dure mort éternelle.
c'est la chanson des damnés ;
bien nous tient à sa cordelle
la dure mort éternelle ;

la dure mort éternelle
c'est la chanson des damnés.

Cy arrive Sathan moult joyeux en la place.

V

Sathan.

Haro! comme joyeux je suis
et que j'ay liesse entrainée,
confite de rage enflammée
d'avoir si très bien besogné.
J'ay tout gagné! j'ay tout gagné!
et ay parfait un hault chef d'œuvre
tel qu'aucun diable jamais n'œuvre.
Pilate va juger Jésus;
les bourreaulx lui courent jà sus.
En enfer m'en vais tout battant,
moitié hurlant, moitié chantant,
car, quand Lucifer le saura,
liesse éternelle il aura
de si belle et noble besogne.

Icy Sathan huche Lucifer.

Lucifer, horrible cigogne,
au nid d'orgueil sans fin couvant,
réveillez-vous, venez avant
ouïr miracle que vais faire!

Cy paroit Lucifer et lui dict Sathan :

Eh dea! Jhésus nostre adversaire
est pris, lié, battu, rendu,

et tost en croix haulte pendu;
si le diable n'y met la patte,
ou par Hérode ou par Pilate
il aura male passion.

Icy paraist au ciel Monseigneur S. Michel.

S. Michel.

Reprenez consolation,
amis de Dieu infortunés,
vous qui semblez abandonnés
en dures chartes ténébreuses,
cessez vos plaintes douloureuses :
le fils de Dieu très bienheureux,
Jhésus, le doulx et grâcieux,
s'est livré de gré voluntaires
au pouvoir de ses adversaires,
et s'humilie[1] sous leurs mains
pour te délivrer, genre humain,
d'enfer et d'éternelle mort.

Lucifer *parle à Sathan.*

Cependant qu'on entend moult profondement les chants de liesse des ames du Limbe.

Ha! traistre, qu'est-ce qui t'amord,
de me faire si meschant compte;
vassal félon tout plein de honte,
nous as-tu cecy rapporté!
Faulx Sathan, tu as tout gasté,
faulx ennemy terrible et noir,
tu as destruit nostre manoir.
Si tu ne trouves le moyen
que de ce faiet cy ne soit rien,

1. L'e muet se prononce.

ce Jhésus cy nous robera,
ce Jhésus cy nous destruira.
C'est pour luy que tous ces prophètes
ont maintenant tel joies[1] faictes,
c'est pour luy qu'ils jouent[2] et chantent.
c'est par luy que tout haut se vautent
d'eschapper.à nostre tenue.
Substance vile et corrompue,
Sathan hideux, enragé chien,
tu vas aller vite et très bien
et ce bel œuvre déferas :
à la femme Pilate iras
qui encore en son lit sommeille,
et luy montreras par merveille
que tous mortels qui prétendront
contre Jhésus et se rendront
coupables de vouloir sa mort,
auront damnable et piteux sort.
Or m'en vais bruyant et tonnant,
tempestant, sifflant et sonnant,
et toi, de l'abime damné
soies[3]-tu conduit et mené.

Cy s'esvanouit Lucifer dessoubs la terre : et s'advance Sathan vers l'hostel Pilate en lequel s'esclaire la fenestre d'une chambre où ou veoit la femme Pilate sommeillant sur un lict de repos.

Sathan.

Je ne faillirai à mes gloses.

Cy s'avance vers la maison Pilate où se voit Sabine, sa femme, endormie.

Femme qui droit cy te reposes,
entends bien ce que je te somme :

---

1 Sans accord devant le nom. — L'e muet se pronouce
2 Même remarque.
3 L'e muet se pronouce

tou mary tient un très saint homme
innocent qu'oncques ne méfit :
c'est Jhésus qui s'appelle Christ ;
garde bien qu'à mort ne le juge,
mais luy soit appuy et reffuge,
sinon grand douloir en aura,
et très vilainement mourra
bien tost, je te le certifie.

Iey se reveille la femme Pilate, se leve vers sa fenestre et dit :

La femme Pilate.

O Vénus en qui je me fie,
Pallas, Jupiter et Mercure,
quel[1] vision laide et obscure
ay vu ceste nuit en dormant !
à vous, mes dieux, me recommand
car j'ay bien mestier de votre aide
pour chasser la peur qui m'obsède.
    O Jhésus, saint homme et divin,
qu'en un vouloir plein de venin
l'on veut mener crucifier,
je vais courir sans délayer
pour garder ta vie[2] tant chère.
O prophète, je fais prière
à ta puissance supernelle,
pardonne à la gent criminelle
qui te baille tant de tourments ;
et toi qui sçais enchantements
et miracles, saulve toy cy
et daigne avoir de nous mercy.

1. Sans accord devant le nom
2. L'e muet se prononce.

Icy s'entend à nouveau le chant moult lointain des âmes, les-
quelles mènent grand joie à la nouvelle que leur annonça S. Michel.

Les âmes *chantent.*

Menons feste et chœurs plantureux
à ceste nouvelle apportée
qui a toute réconfortée
l'assemblée des douleureux.

Cy fine le IVᵉ tableau de la Passion.

LE Ve TABLEAU

En lequel se veoit le jugement de nostre Saulveur
devant Pilate.

*Et notez que l'eschaffault est le mesme qu'au précédent ta-
bleau: et premiers reviennent les Iuifs conduisant Jhesus, et Jheroboam huche Barraquin et dict:*

I

Jhéroboam.

Hérode encore nous ramène
vers le grand prévost des Romains
et dit qu'entre ses seules mains
est pendant le sort de cest homme.

Barraquin.

Messeigneurs, mon maistre vous somme
de le laisser en son repos;
ne veult entendre à vos propos.
Mais voicy bien ses francs-archers
qui ne se montreront gauchers
à parfaire vostre sentence.

Jhéroboam.

De sa mort n'avons compétence.
C'est insulter à nostre loy,
au grand prestre, à Hérode roy

que récuser ainsy justice.
Le peuple n'est si coard et nice[1]
qu'il ne se sache rebeller
si le prévost se veult céler;
dis que nous attendons icy.

*Ce pendant que s entendent moult grant clameurs du populaire,
entre Barraquan en l hostel et bien tost paroist sur le seuil Pilate
et dict :*

Pilate.

Haro! quel desplaisir voicy!

Jhéroboam.

Hérode et toute sa famille
vous remercie[2] des fois mille
de l'honneur qu'en vous il a vu;
et très bon gré vous en a su,
et est vostre amy à ceste heure.

Pilate.

Grand mercy à luy! — Que je meure,
il eût mieulx fait me descharger
du faix de cest homme juger,
car j'ay pressentiment au cœur
qu'il doibt m'en advenir malheur. —
Tout requis et examiné,
il n'a pourtant déterminé
cotre luy nul cas véritable?

Jhéroboam.

Nous t'avons dict qu'il est coupable :
il corrompt le peuple menu;

1 Craintif et sot.
2. L'e muet se prononce.

du ciel il se prétend venu
pour changer la loy et l'empire.

Rabanus.

Il dict qu'à César, nostre sire.
on ne doibt point payer tributs.

Nembroth.

Et, par très criminel abus,
il se prétend roy des Juifs[1].

Pilate.

O chétif d'entre les chétifs,
roy des Juifs[1] tu t'es porté !
c'est cas de lèse-majesté,
car l'impérateur des Romains,
mon maistre, soubs qui tu remains[2]
a puissance et vertu fondée
sur toute terre de Judée.
Es-tu malfaicteur desloyal
et usurpeur de nom royal,
ou dis sur quoy ton droict se fonde?

Jhésus.

Mon règne n'est pas de ce monde.
mais de là-haut!

Jhéroboam.

En plus d'un lieu
il s'est prétendu fils de Dieu,
et dans nos loys, pour telle cause,
peine capitale est enclose.
Tu peux enquérir là-dessus.

1. Juifs, en deux syllabes.
2. Tu restes.

Pilate.

Or viens ça, parle à moy, Jhésus,
réponds-moy sur ce simple poinct,
qui es-tu? — Tu ne responds point?
Me portes-tu telle arrogance?
Sais-tu pas que j'ay la puissance
de te prestement délivrer
ou destruire et à mort livrer?
Pourquoy garder telle rancune?

Jhésus.

Sur moy n'aurais puissance aucune
si de là hault ne l'eusses prise.

Pilate.

Or finissons ceste mesprise!
son meffaict en rien ne se prouve;
plus l'examine et moins le trouve
coupable d'être à mort jugé.

Jhéroboam.

Quoy! tu lui donneras congé
et nous refuses la justice?

Pilate.

Hé bien! pour remplir mon office,
je tiendrai la voye[1] moyenne :
vous avez coustume ancienne
que, quand j'ay plusieurs prisonniers,
malfaicteurs, larrons, meurtriers,
que, pour leur mal, mourir convient,

---

1 Le muet se prononce.

quand vostre haulte Pasque vient,
si j'en ay quatre ou trois ou deux,
vous pouvez délivrer l'un d'eux.
Or en mes prisons en est un
qui encontre le bien commun
a faict séditieux débats :
c'est le meurtrier Barrabas.
Voulez-vous que je vous le livre
ou bien Jhésus?

Piragmon, *porteur d'eau.*

Or nous délivre
Jhésus le prophète tant doulx.

*Icy Caïphe lequel est depuis un moment sorty sur le perron de
son hostel s'escrie ainsy :*

II

Caïphe.

Meschantes gens, que dictes-vous!
Ce Jhésus nostre loy destruit,
il vous corrompt, il vous séduit :
bien doibt-il estre mis à mort.
S'il y a homme qui s'admort[1]
d'aller contre nostre vouloir,
nous l'en ferons si cher douloir
que longtemps s'en repentira.

Salmanazar.

Nous ferons ce qu'il vous plaira.

Pilate.

Qui requérez-vous?

1. Se prend, a l'audace de.

Jhéroboam.

Barrabas.

Pilate.

Amenez donc l'homme.

Cy va Broyeffort quesir Barrabas en la charhei.

Broyeffort.

Hé, là-bas!
Ça, maistre, saillez de la place,
sautez sans faire la grimace.

Barrabas.

Qu'est-ce?

Broyeffort.

Qu'à une haute treille
où balanceras à merveille,
ainsy que raisin de Vimeu
on s'en va te suspendre un peu,
puis te vendanger doulcement!

Barrabas.

Ho!

Icy presente Broyeffort Barrabas a Pilate.

Broyeffort.

Sire, c'est le garnement:
ardez-moy la belle encolure!

Pilate.

Regardez tous, je vous conjure:

1. Prison.

voicy Barrabas le lobeur[1],
le meurtrier, le dérobeur,
de toute infamie noté;
voicy Jhésus d'autre costé
qui vous a presché et instruit
et montré œuvres de grand fruict,
vostre Christ et vostre saulveur!
Choisissez sans porter faveur,
lequel voulez-vous?

Caïphe.

Barrabas.

Les Juifs.

Ouy, ouy, Barrabas! Barrabas!

Salmanazar.

Que Barrabas nous soit rendus!

Pilate.

Et que ferai-je de Jhésus,
vostre prophète qui cy est?

Jhéroboam.

Porte, porte, porte au gibet!
et sur pié nous le crucifie!

Pilate.

Vostre roy?

Caïphe.

Ce mot nous desplait!
Nostre roy n'est ni nostre prince :

---

1. Trompeur, faussaire.

nous ne voulons d'un roy si mince,
nous le nions et renions,
maudissons, excommunions,
car nous n'avons roy ni seigneur
si ce n'est César l'empereur,
ton maistre, qui t'a cy commis.

Pilate.

Or, que vous dire, mes amis?
Pour parfaire vostre désir,
et monstrer que vostre plaisir
est le mien, je vous livrerai
Jhésus, et le condamnerai
à subir mille coups de verges;
quand sa chair fondra comme cierges,
et que son sang ruissellera.
serez-vous contents?

Caïphe.

On verra.

Pilate.

Bourreaux, commencez donc à battre.

Icy emmènent les bourreaus Jhesus en un réduict, l'attachent a une colonne et commencent la flagellation.

III

Broyeffort.

Et une!

Clacquedent.

Et deux!

Orillart.

Et trois!

Brayart.

Et quatre!

Broyeffort.

Brayart, tu comptes sans rabattre,
pour un coup tu en frappes trois.

Clacquedent.

Et une!

Orillart.

Et deux!

Brayart.

Et trois!

Broyeffort.

Et quatre!
quand ce sont dix, fais une croix.

Clacquedent.

Ah, je suis las pour ceste fois,
tant je l'ai frappé et battu.

Broyeffort.

Reprenons haleine et vertu.
    Compaings, ce chétif des chétifs
s'est dénommé roy des Juifs :
il nous le faut mettre en arroy
de parader ainsy qu'un roy.
Quel manteau luy sera trouvé?

7

Clacquedent.

Ce lambeau de pourpre troué.

Orillart.

Et le sceptre?

Brayart.

Prends ce roseau.

Clacquedent.

Et la couronne?

Broyeffort.

         Au damoiseau,
baillons la couronne d'épines,
et dedans ses temples divines
enfonçons-la jusqu'au cerveau.

Clacquedent.

Et vive nostre roy nouveau,
qui tient maintenant court royale!

Orillart.

Il porte un bien riche chapeau,
mais son habit est un peu sale.

Brayart.

Où sont ses escuyers de salle?
Où est son throsne et son chasteau?

Broyeffort.

C'est un roy bien fier et bien hault;
s'il n'est chevalier, si l'armons

par l'accolade; sans sermons,
sire roy, il nous fault vous battre.

Icy recommencent a flageller Jhésus.

Et une!

Clacquedent.
Et deux!

Orillart.
Et trois!

Brayart.
Et quatre!

Broyeffort.
Et une encore!

Clacquedent.
Et deux!

Orillart.
Et trois!

Icy vient Pilate près de Jhesus.

Pilate.

Ho! Arrestez pour ceste fois!
compagnons. cessez le surplus :
si sanglant est qu'il n'en peut plus,
à peine regarder le puis!

Icy montre Pilate Jhésus au peuple du péristyle de son hostel.

Regardez cy, seigneurs Juifs[1],
je cuide que vous direz : ho!

1 En deux syllabes.

a ceste fois : *Ecce Homo!*
Regardez cy la douleur dure,
regardez que cest homme endure,
et s'oncques on porta tel[1] somme!
Ayez un regard qu'il est homme,
homme, voire, bien misérable!
toute beste aime son semblable,
le regard donc d'humanité
modère vostre cruauté.
Vostre frère est, vous le voyez,
et s'il se peut que vous soyez
possédés de rancune ou d'ire[2]
qu'il s'est vostre roy voulu dire,
regardez royauté piteuse,
royauté la plus malheureuse
qui soit huy ni jamais sera!
Jamais plus roy ne se fera
tel chastiment il en rapporte!
Regardez quel[3] couronne il porte,
quel manteau, quel sceptre royal!
En tout son corps sent tant de mal
que jamais de membre qu'il ait
ne s'aidera, il en est faict!
     Acquitté suis de mon office,
je vous requiers qu'il vous suffise
et pardonnez le résidu.

Jhéroboam.

Il faut qu'il soit en croix pendu;
prévost, juge-le sans retard!

---

1. Pas d'accord devant le nom.
2. Colère.
3. Pas d'accord devant le nom.

Pilate.

Oncques lionne ou léopard
ne porta tel[1] férocité!
Comment, seigneurs, en vérité
je m'esbahis de vostre affaire!
Quelle autre douleur peut-on faire
à ce povre homme? Qui vous meut?
Il souffre tant que plus n'en peut,
attendant que la mort le happe.

Jhéroboam.

Prévost, garde bien qu'il n'eschappe;
s'il n'est crucifié très bien
et mis à mort, tu ne fais rien :
doibt mort expier ses erreurs.

Pilate.

Ha! messeigneurs!

Caïphe.

        Quels messeigneurs?
S'il a dure mort desservie[2],
que ne luy fais oster la vie?
C'est la fin de tels malfaicteurs.

Jhéroboam.

Pour ses blasphèmes pleins d'horreurs
il doibt mourir.

Pilate.

        Que fait sa vie?
Ha! messeigneurs!

1. Sans accord devant le nom.
2. Mérité

Caïphe.

Quels messeigneurs?
S'il a dure mort desservie,
pourquoy ne nous le crucifie?

Pilate.

Ha! messeigneurs!

Jhéroboam.

Quels messeigneurs!
Vas-tu protéger les fauteurs
de tant exécrables blasphèmes?

Pilate.

Or que ne le prenez vous-mêmes
et le menez crucifier?
car tel office officier
en somme ne m'appartient pas.

Caïphe.

Prévost, tu manques en ce cas
aux mandements impériaulx,
quand aperçois les publics maulx
et ne les punis par rigueur.
Si tu laisses ce faulx brigueur,
tu n'es pas ami de César.
et tu trahis l'Empereur, car
tout homme qui roy se veut dire
à César ose contredire.
César mauvais gré t'en saura.

Jhéroboam.

Et peut-estre te privera
de la charge qu'il t'a commise.

Pilate.

— Voicy gent à tout mal soubmise.
et d'elle ne puis gagner rien. —
    O povre homme, il me desplait bien
qu'il convient qu'à la mort te juge;
en male heure je suis ton juge,
mais ay si grand crainte en mon cœur
de meffaire envers l'Empereur,
qu'à leur veuil dois obtempérer.
Messeigneurs, pour vous contenter,
je vais seoir en mon tribunal.

*Icy monte Pilate les marches de son tribunal, et alors s'en vient
sa femme vers luy et l'arreste.*

IV

La femme Pilate.

O cher époux, juste et loyal,
gardez-vous bien, je vous en prie,
quoy que ce peuple veuille et crie,
de rien faire contre celuy
qu'il poursuit à mort aujourd'huy.
S'il se peut, que grâce l'exempte,
car, ceste nuict icy présente,
j'ai en de luy vision brève
si très effrayante et griève
qu'encore le cœur m'en frémit,
en laquelle un esprit me dit
que quiconque sera coupable
de sa mort, triste et misérable
en douleur finira ses jours.

Pilate.

Madame, entendre faut toujours
à César.

Caïphe.

Prévost, viens au faict!

Pilate.

Mes amis, puisqu'ainsy vous plaist,
pour avoir vostre bonne grâce,
il faut qu'ores vous satisfasse.
Touteffois, mon cœur ne consent
à la mort de cest innocent;
aussy, laver je veux mes mains
à la coutume des Romains;
et bien mes mains laver en puis,
car de sa mort acteur ne suis,
en rien consentant ni complice.

Caïphe.

Qu'importe ce pour la justice.
Prévost, rends la sentence en haste!

Pilate.

Il le faut! —

Cy sied Ponce-Pilate en son tribunal.

Je, Ponce-Pilate,
garde par charte bien fondée
de la Prévosté de Judée,
pour César juge en ces parties,
les accusations ouies
contre Jhésus, en sa présence,

je le condamne, par sentence,
à périr pendu en la croix. —
Vous estes satisfaits, je crois,
et tant qu'à moi, je me décharge
de tout son sang, et vous en charge.

Jhéroboam.

Que son sang dessus nous redonde,
sur nous tous et sur nos enfants!

Caïphe.

A jamais n'en soyons exempts;
si péché ou coulpe s'y fonde,
qu'il retombe sur nos enfants!

Cy fine le Ir tableau de la Passion Nostre-Seigneur

LE VIe TABLEAU

En lequel on veoit Jhésus portant sa croix, moult
cruellement mené au Calvaire.

*Et notez que doibt l'eschaffault figurer la porte de la cité du
coste de la campagne, jouxte laquelle se trouveront les eschoppes
du fevre et du charpentier.*

*Et premier s'advance le charpentier qui ouvre sa boutique et
dict :*

I

Le charpentier.

Le soleil se lève luisant
dans ce doulx matinet plaisant
et si richement couloré
qu'il semble proprement doré.
Après tant male et froide nuict,
ce jour promet meilleur déduict
qu'on n'eut en la saison piéça[1].

Icy vient Clacquedent.

Clacquedent.

Charpentier, mon amy, viens çà ;
as-tu maintenant nulles croix ?

Le charpentier.

Combien t'en faut, Clacquedent ?

1. Depuis longtemps

Clacquedent.

Trois,
pour trois meschants pleins de fourbet[1]
que je vais mener au gibet
comme infames et deshonnestes.

Le charpentier.

En voicy déjà deux de prestes,
tant pesantes que c'est hideur.

Clacquedent.

Elles sont de bonne grandeur,
c'est droict mon affaire, sans faulte;
mais il m'en fault une plus haulte
pour un fol de plus grand forfaict.

Le charpentier.

Je n'ay point de bois qui soit prest,
de si hault tronc ou haulte branche,
si ce n'est une vieille planche
qui est près de ceste maison
dès le temps du roy Salomon;
et est tant dure que merveille.

Clacquedent.

Prends-la donc et nous l'appareille,
et que bien faict ton travail soit :
si monseigneur s'en courrouçoit
tu n'en serais que mal payé.

Le charpentier.

J'auray en bref bien octroyé

---

1. Fourbe.

mon faict, je m'en vais mettre à l'œuvre :
il me semble que le cœur m'euvre
de joie, quand je gagne argent..

Clacquedent.

C'est la coustume de tel' gent :
vous ne pensez qu'à la pécune !

*Icy vient Broyeffort heurter à l'eschoppe du fevre, lequel s'ad-
vance aussitost.*

Broyeffort.

Fèvre, le soleil et la lune
te gardent avec Vulcanus !
Nouveaux cas nous sont survenus :
il faut que besognes pour nous.

Le fèvre[2].

A quoy faire ?

Broyeffort.

    A forger trois clous
desquels Caïphe se propose
faire un grand faict.

Le fèvre.

       N'est aultre chose ?
et tu m'en fais un si grand cry !
Quels clous te faut-il, je te pry,
clous à huis ou clous à fenestre,
ou à ferrer chevaux à destre ?
Dis-le tost pour expédier.

1. Sans accord devant le nom.
2. Forgeron.

Broyeffort.

Nennil, c'est pour crucifier
un mauvais larron entre mille
qu'on a saisy en ceste ville,
et clouer en croix pieds et mains.

Le fèvre.

Est-ce Jhésus?

Broyeffort.

Ne plus ne moins.

Le fèvre.

Mais fit-on sur luy juste enqueste?

Broyeffort.

Forge, forge et plus ne caquète,
tes dires sont folles risées.

Icy forge le fevre, ce pendant que le charpentier presente les croix à Clacquedent.

Le charpentier.

Voicy trois croix mieux composées
qu'onques homme n'en composa.
Cil[1] qui le nom leur imposa
se montrait appert et sensible,
car c'est tourment le plus horrible
qui soit en ce monde régnant.

Clacquedent.

Nous veux-tu prescher maintenant?
Baille les croix sans tant de noise.

1. Celui.

Icy charge les croix Clacquedent avec ses aydes.

Par Jupin! que celle-cy poise[1]!

Le charpentier.

Ha! c'est loyale fourniture.

*Icy va Clacquedent porter les croix près de la porte de la cité,
ce pendant que baille le fèvre les clous a Broyeffort.*

Le fèvre.

Voicy clous de bonne pointure :
taste-les, qu'en dis-tu, beau sire?

Broyeffort.

Encor y sçai-je un poinct à dire
sur lequel il faut que j'argüe.

Le fèvre.

Comment?

Broyeffort.

La pointe est trop aigüe :
fais-les moy un peu plus camus,
afin que ce meschant Jhésus
ait plus de peines et tourments
quand ce viendra à l'entrer ens
pour luy percer membre après membre.

Le fèvre.

Ton cœur jamais ne se remembre
fors de sanglante cruauté.
Or tiens, est-ce bien espointé,
n'estes-vous loyaument servis?

1. Pese.

Broyeffort.

Voire.

Icy va Broyeffort rejoindre Clacquedent son compaing pres de la porte.

II

Icy arrivent de la ville les desloyaux Juifs, moult cruellement conduisant Jhesus, et s'arrestent a la porte de la ville.

Jhéroboam.

Arrestez : Jhésus soit mis.
pour moustrer sa grand vilenie.
en laide et orde compagnie :
adextrez-le de ces larrons,
et en ce poinct les mènerous
tous trois conjointement deffaire
sur la montagne du Calvaire.
Or, soit nostre escorte assemblée!

Centurion.

Busines[1], sonnez l'assemblée.
proclamez le ban de justice !

Icy vont les busines sonner par la ville, ce pendant que charge Clacquedent Jhésus de sa croix.

Clacquedent.

A ce grand roy couard et nice
j'apporte ce joyeux cadeau;
tiens! c'est un moult gentil fardeau !
Portez, vieil truand détestable,

---

1. Trompettes.

portez la croix, de par le diable!
Ce n'est plus saison de bourder.

Julie, *saincte femme*.

O femmes, venez regarder
la grand pitié, avancez-vous :
Jhésus, le sainct prophète et doulx,
qui grandes œuvres savoit faire
et qui estoit tant nécessaire
au povre peuple secourir,
s'en va piteusement mourir
de mort détestable et indigne.

Péruzine, *deuxième femme*.

Fols chassés hors de droicte ligne,
juifs desloyaulx et maudicts,
occirez-vous homme tant digne,
aurez-vous les cœurs si hardis?
O très doulx Dieu de Paradis,
je te requiers, par ta puissance,
veuilles huy exaucer mes dis,
et donne à ton fils patience.

' Véronique, *troisième femme*.

Lamente très piteusement,
Jhérusalem, cité louée!
Plains la dolente destinée
qui t'advient en ce piteux jour;
complains et pleure sans séjour,
dolente cité malheurée ;
si tu es triste et esplorée,
tu as bien cause de douleur,

car tu perds le bien et l'honneur
dont tu dusses estre parée!

Cy console Jhésus les sainctes femmes.

Jhésus.

O filles de Jhérusalem,
dames de grans dévotions,
cessez vos lamentations,
et de démener tel esmoy!
Ne veuillez plus pleurer sur moy,
ni lamenter, dévotes femmes[1],
mais veuillez pleurer sur vous mesmes
et vos enfants ensemblement,
car les jours viendront brèvement
que direz par dolentes voix :
« De Dieu sont les ventres benois
qui oncques enfants n'engendrèrent
et mamelles qui n'allaictèrent! »
Et lors, par grand destresse d'ire,
les hommes se prendront à dire :
« Haultes montagnes, hastez-vous,
et tresbuchez par dessus nous! »
et aux gouffres : « Or vous ouvrez,
et, pour la terreur, nous couvrez! »

Broyeffort.

Trop longuement vous discourez :
ribaud, soustenez vostre faix!

Véronique.

O le plus parfaict des parfaicts,
puis-je des pleurs assez verser

---

1. Textuel. On devait prononcer *femes*.

8

à te voir ainsy trespasser,
quand ton corps, ès parties[1] toutes
jette son sang à grosses gouttes!
O trop grave et piteux meschief!
Si voudrois de ce couvrechief[2]
toucher ta face précieuse
qui, jadis, fut tant gracieuse,
et ore est tant décolorée!

Cy applique Véronique son voile à Jhésus en la face et demeure la face imprimée au couvrechief.

Ha! m'est l'empreinte demeurée
du sainct visage précieulx!
dont je me tiens bien honorée
d'avoir joyau tant vertueux;
si sera mon cœur curieux
de le garder en ma puissance,
pour le doulx patron gracieulx
dont il me moustre la semblance.

Icy l'on entend les busines sonner une marche guerrière et revient Centurion avec l'escorte des soldats.

Centurion.

Messeigneurs, par obéissance,
voicy présens mes guisarmiers.

Jhéroboam.

Mettez-les en route premiers.
Avant! c'est trop icy manoir[3].

Cy se trouvent Nostre-Dame et S Jean et Madeleine à l'encontre de Jhésus.

1. L'e muet se prononce.
2. Linge pour couvrir la tête Voile
3. Demeurer.

S. Jehan.

Ha! ma Dame, venez cy voir
vostre cher enfant, s'il vous plaist!
Regardez en quel poinct il est,
comme sa face est déformée!

Nostre-Dame.

O mon fils!

Icy choit pasmée.

Madeleine.

La voicy pasmée!
il semble qu'elle vient à mort!

Icy voit Jhésus sa mère pasmée et chancelle aussy et tombe.

Broyeffort.

Mais je crois que le villain dort :
il s'en va cy tout chancelant!

Clacquedent.

C'est quand il a vu en allant
ces pleureuses geindre si fort :
il en a pris tel desconfort,
qu'il est, à ce coup, chu par terre.

Jhéroboam.

Que ne les chassez-vous arrière?
Femmes! laissez-nous cheminer.

Broyeffort.

Nous ne faisons que trottiner.
On a beau le frapper et battre :

on en dût avoir pendu quatre
puis que marchons aval les champs!

Centurion.

Sergents, vous perdez vostre temps
qui ainsy le chassez : hélas!
vous voyez qu'il est si très las
qu'on ne luy peut plus peine offrir
ni fatigue, sans mort souffrir :
il périt sous le faix qu'il porte.

Jhéroboam.

Ce seroit grevance trop forte
s'il alloit mourir en la voye
devant que sur croix on le voye;
éviter nous faut tel dommage.

Broyeffort.

Voicy paysan de village
qui est homme assez grand et fort
pour luy prester quelque confort.

Icy parle à Simon et le veult pousser vers la croix.

Villain, prends ceste croix sur toy.

Simon, *Cirénéen.*

Ha! messeigneurs, pardonnez-moy;
pour riens jamais ne le ferois,
car trop reproché en serois :
c'est déshonneur de croix porter!

Centurion.

Fais ce pour Jhésus supporter :
tant grèves raisons luy sont faictes!

Icy reconnoist Simon Jhésus.

Simon.

O Jhésus, de tous les prophètes,
le plus sainct et le plus bénin,
vous venez à piteuse fin
de vostre vie[1] vertueuse!
Quand vostre croix dure et honteuse
pour vostre mort fault que je porte
si c'est à tort, je m'en rapporte,
à ceux-là qui vous ont jugé!

Broyeffort.

Monseigneur, le voilà chargé.

Jhéroboam.

Marchez avant, troupe villaine!

Cy se despartent vers le Calvaire.

III

Icy vient Judas, lequel a suivi de loing la troupe des Juifs qui conduict Jhesus.

Judas.

Voicy mon maistre qu'on emmène
moult très piteusement traicté;
et ce, par moi l'a-t-il été!
Ha! traître cœur et mensonger,
enclin à tout crime ouvrager,
quelle traîtrise as-tu bastie?
Comment as-tu tant perverti

1. L'e muet se prononce.

ta conscience, pour gaguer,
que de tramer et besogner
contre main à toy tant amie!
Hélas! t'en estoit-il mestier,
de bien n'avois-tu suffisance?

    Pécune de male accointance,
pécune à male heure moulée,
pécune de sang violée
qui de trahison me chargea,
maudict soit cil[1] qui te forgea
et qui en trouva la manière!
et maudicte soit la minière,
la terre, et le lieu où tu crus!
mauldicte l'heure où je te crus!
O désespérée[2] monnoie,
d'horreur de toy le cœur me noie;
tu es prix de si vile chose
que plus te regarder je n'ose!
Puis-je encor en repos rester
et te tenir et posséder?
Nennil! l'horreur de te tenir
me veult de ce monde bannir
et m'envoyer avec le diable
au fond de l'enfer pardurable.
Tremblant, j'attends que l'heure vienne.
Pécune, jamais ne te tienne,
pécune, jamais ne te voie,
car tu m'as conduict en la voie
d'éternelle damnation!

Icy arrive Caiphe accompagne de plusieurs Pharisiens.

Je vois la congrégation

1. Celui.
2. L'e muet se prononce.

des faux juifs[1]. que Dieu maudie!
J'aurai bien l'âme assez hardie
d'aller leur clamer ma rancune.

Seigneurs. tenez vostre pécune;
Peccavi, hélas! j'ay péché,
et fait tant énorme péché
que suis en éternel péril.

Caïphe.

Quid ad nos? Que nous en chault-il?
Garde l'argent de ta traitrise.

Judas.

Ha! chaud brasier de convoitise,
plus ardent que brandons de fer,
qui cœurs humains brûle et attise
d'étincelles de feu d'enfer,
j'ay livré en bien viles mains
le plus juste sang des humains!
Ce n'est or que m'avez donné :
c'est feu brûlant d'enfer damné.

Icy jette Judas l'argent.

Prenez! si le pouvez tenir.

Salmanazar.

Que va de cest or advenir?
le doit-on porter au sainct lieu?

Caïphe.

Prix de sang ne convient à Dieu.
Achetons-en un champ de terre

1. En deux syllabes.

où l'on enfouisse et enterre
les pauvres pélerins passants
aval les chemins trespassants,
et que le champ ainsy donné
d'ores en avant soit nommé
« Alchedemach », terre de sang !

. . . .

. . . .

Icy s'en vont vers le Calvaire Caïphe et les Pharisiens.

Judas.

Icy invoque Judas le déable.

Terrible meignie[1] difforme,
diables au noir abisme enclos,
faux esprits, de gloire forclos,
peuple maudict et misérable,
damné sous peine interminable
qui jamais ne vous peut finer[2],
venez ! pensez de cheminer !
venez, diables, venez avant,
venez aider vostre servant
qui très hault vous huche et appelle ;
venez sa substance mortelle
tuer, destruire, et le damner !

Désesperance.

Meschant, que veux-tu que je fasse,
à quel port veux-tu aborder ?

Judas.

Je ne sçais, je n'ay œil en face

1. Famille.
2. Finir.

qui ose les cieulx regarder.
D'où viens-tu?

Désesperance.

Du parfond d'enfer!

Judas.

Quel est ton nom?

Désesperance.

Désesperance.

Judas.

Infernal tison de vengeance,
dame de mort, fleur de danger,
approche et me donne allégeance,
si mort peut mon deuil alléger.

Désesperance.

Ouy[1], très bien.

Judas.

Or donc t'advance
pour mes jours maudicts abréger.

Désesperance.

Je suis preste, sans décevance,
à toute peine soulager.

Judas.

Désesperance, beste horrible,
te semble mon cas si terrible
qu'il me tient le cœur amer cy?

1. En deux syllabes.

Désesperance.

A ton péché est impossible
de jamais acquérir mercy.

Judas.

Hélas! mon maistre est tant bénin
et à pardonner tant enclin :
jamais ne l'ouïs sermonner
que de pardonner, pardonner.
Ne m'escouterait-il pas?

Désesperance.

Non!

Judas.

De luy ne mérite pardon,
mais si doulce Vierge Marie
en ma repentance je prie,
de son fils grâce m'acquerra,
car elle est sa mère et s'amie,
et ce que mère requerra,
le fils ne l'esconduira mie.

Désesperance.

As-tu telle folie ourdie?
Quoy! celle mesme imploreras
de qui la chair tu as meurtrie
en menant le fils à trépas?

Judas.

Ne puis donc eschapper ton bras,
Désesperance?

Désesperance.

Non. Ne tarde.

Judas.

Or ne me tiens plus en suspens,
mort, viens me férir[1] de ta darde :
à Désesperance me rends,
sans que plus avant je retarde.

Désesperance.

Voicy la mort que je te garde.

Icy lui présente une corde à ce préparee

Prends ce, Judas, et si te pends;
puisqu'en ma puissance te rends,
voicy la mort que je te garde.
Vois-tu ce vieil arbre tortu?
pour te pendre cy qu'attends-tu?
de ton âme est droict que j'hérite.

Judas.

O tourbe villaine et mauldite,
diables qui huchez mon tourment,
je ne fais autre testament,
sinon qu'en l'éternelle flamme
vous abandonne corps et âme.
    Haulte tour de désespérance,
bastie[2] de corps de souffrance,
fossoyée[3] de pleurs piteux,
bastillée de cris haineux,
dont les salles, pour tout soulas,
sont peintes tout de las! hélas!
attends-moy, terrible manoir.

1. Frapper.
2, 3. L'e muet se prononce.

attends-moy, enfer, gouffre noir
de l'éternité douloureuse!
attends-moy, chartre rigoureuse,
fourneau rouge de feu ardent,
fosse de serpens abondant;
rivière de puant bourbier,
en toy mon deuil se veult noyer,
et s'abreuver à la mamelle
de désespérance éternelle!

Icy se pend Judas audict arbre ce pendant que chantent les deables leur refrain :

Les déables *chantent.*

La dure mort éternelle,
c'est la vie[1] des damnés.

La mort couve sous son aile
nos plains de rage éternelle.

Nostre joie[1] supernelle
est à mort d'estre damnés.

Dieu maudire et sa tutelle,
c'est le déduict des damnés.

Cy fine le VIe tableau de la Passion Nostre-Seigneur.

1. L'*e* muet se prononce.

LE VIIe TABLEAU

En lequel on veoit la très-piteuse mort de
Nostre-Saulveursur la croix en la montagne du Calvaire.

*Or notez que doibt l'eschaffault représenter le dict Calvaire;
et les juifs y sont en moult grande assemblée et entourent la
croix sur laquelle les tirants clouent Jhésus.*

I

Broyeffort.

Or tirez fort, fort, ribaudaille :
la main y vient ou peu s'en fault.

Clacquedent.

Il n'est pas danger que j'y faille;
or tirez fort.

Orillart.

Fort, ribaudaille!
J'ay peur que le cœur ne lui faille
au tirer.

Brayart.

Mais que nous en chault?
or tirez fort.

Broyeffort.

Fort, ribaudaille!

la main y vient, ou peu s'en fault.
Y vient-elle droict?

Clacquedent.

Autant vault.
Admenons l'aultre avec la corde.

Icy l'on entend les coups de marteau.

Véronique.

O pitié. ô miséricorde,
ô doulx Jhésus, par qui s'accorde
tout pécheur à remission,
doulce fontaine de concorde,
de tes bienfaicts ne se recorde
ma tant ingrate nation !

Julie.

En la fin eu seras punie,
cruelle et faulse progénie [1],
et déjà ton sort est noté :
lignée à tout mal faire unie,
et de tout honneur desgarnie,
tu vivras en perplexité,
et, aveugle à la vérité,
mèneras dure despartie !

Cy ont fini les tirants de clouer Jhésus.

Broyeffort.

Nostre besogne est assortie,
seigneurs, Jupiter soit loué !

1. Race

Jhéroboam.

Puisque le voilà bien cloué,
dressez-moi croix et crucifix!

Broyeffort.

Boutons-nous à l'œuvre, mes fils!
Amont!

Clacquedent.

Amont!

Orillart.

Halle bois!

Brayart.

Halle!

Soustenez-la.

Broyeffort.

Mais soustenez,
tout le faix dessus nous dévalle!
Amont!

Clacquedent.

Amont!

Orillart.

Halle bois!

Brayart.

Halle!

Broyeffort.

C'est faict!

Icy l'on veoit la croix en laquelle est cloué Jhésus entre celles
des deux larrons, et pendant les imprecations des juifs s'entend
sourdre le refrain de joie des enfers.

Jhéroboam.

Regardez au visage,
seigneurs, vostre roy bien piteux :
vient-il tenir son baronage
et sa grand cour entre ces deux?
Regardez un peu au visage,
seigneurs, vostre roy bien piteux!

Salmanazar.

Où sont tes tromperies[1] vaines,
Jhésus, et tes enchantements?
Un Dieu souffrirait-il tel[2] peines :
Jhésus, tu vois bien que tu mens!
Où sont tes tromperies vaines,
Jhésus, et tes enchantements?

Mardochée.

En vain cuidais-tu nous grever!

Jhéroboam.

Va, va sermonner et baver
contre la loy et nos décrets;
va et révèle nos secrets
pour complaire au peuple menu :
regarde, est-il ici venu
pour toy délivrer de nos mains?
sains demeurons, et toi remains[3]
à mort, à ta confusion.

Salmanazar.

Est-ce là ce hault champion

---

1. L e muet se prononce.
2. Sans accord devant le nom.
3 Tu demeures

et ce puissant Emmanuel
qui doit régner en Israël?
Est-ce là le trésor haultain
que les prophètes pour certain
ont annoncé venir au monde?

Broyeffort.

Pour sermonner, Dieu te confonde,
n'es-tu pas logé hault assez?

Clacquedent.

Or descends de là, si tu sçais!

Jhésus.

Pater mi, dimitte illis,
nam nesciunt quod faciunt.

Père qui tes servans élis,
en qui mains toutes choses sont,
tu vois de quels gens je suis pris
qui piteusement me deffont :
pardonne s'ils se sont mespris,
car ils ne savent ce qu'ils font.

.   .   .   .

Jcy paroist S. Michel en le Ciel au-dessus de la croix.

S. Michel.

Fils de Dieu, en qui regarder
tous les anges prennent liesse.
et dont la parfaicte noblesse
bouche ne sçaurait réciter;
qui, pour les humains racheter,
as ton précieux corps offert,
et tant griefs tourments souffert

9

que Dieu seul en connoist le nombre;
toi qui, pour les oster de l'ombre
de mort, veux la mort recevoir,
achève et parfais ton devoir.

Jadis estoit en grand vilté
et tenue en grant orfanté[1]
la croix, et de chacun maudicte;
or, sera son nom redouté,
exhaussé et manifesté
par son très glorieux mérite.

Icy disparoist S. Michel: et Gestas, le mauvais larron, parle ainsy à Jhésus.

Gestas, *mauvais larron.*

O terrible mort forcenée,
ta darde doncques m'atteindra?
Que maudicte soit la journée
où oncques mère m'engendra.
Or, toy, pourquoy ne nous rescous[2]?
Si tu es Christus, ça dessous
descendu pour nature humaine,
que ne te saulves-tu et nous,
qui mourons cy de mort villaine?

Dismas, *bon larron, parle à Gestas.*

Chétif de fausse conscience,
grand tort as de l'injurier:
si nous mourons pour nostre offense,
desservy[3] avons tel loyer;
mais luy, vescut sans dévier,
sainct et juste, plein d'innocence,

1. Abandon.
2. Secours.
3. Mérité.

et, dans son humaine existence,
oncques ne fit que droict et bien.

O Jhésus, mon aide et soutien,
en qui j'ai parfaicte fiance,
quand seras au royaume tien,
ayes[1] de moy la souvenance.

Jhésus.

Hodie mecum eris
in paradiso.

En vérité je te le dis,
en récompense de ta foy,
ce soir monteras avec moy
au plus hault lieu de Paradis!

Icy vient Nostre-Dame au Calvaire avec Magdeleine et
S. Jehan, et s'adeance vers la croix.

II

Nostre-Dame.

Mon filz, mon filz, je vous veulx supplier,
mon doulx enfant, mon bienheureux loyer,
est-ce bien faict de sa mère oublier
en tel[2] manière?

Regardez-moy, filz, je vous fais prière :
recognaissez vostre mère très chère
qui, pour vous, faict si très dolente chère
en pleurs piteux!

Jhésus, mon filz, mon enfant gracieulx,
mon ornement, mon trésor précieulx,

1. L'e muet se prononce.
2. Invariable devant le nom

va-t-il falloir nous despartir tous deux?
    Que mort nous lie!

Tout un sommes, vous ne l'ignorez mie :
un corps, un sang et une mesme vie
par mesme mort requiert estre ravie.
        Ainsy sera :

fasse la mort du pis qu'elle pourra,
pende ton corps si hault qu'elle voudra,
ja séparer de toi ne me sçaura;
        c'est chose vaine!

Si ton corps pend en ceste croix haultaine,
mon âme y pend par pitié qui m'y mène,
et n'as sur toi plaie[1] tant soit grevaine
        que je ne sente!

    .   .   .   .

Filz bienheuré, filz charmant, filz aimé,
filz gracieulx de vertus animé,
de tous vivants mortel le mieulx formé,
        ô beauté pure,

choix des humains, fleur de toute nature,
riche joyau, parfaicte pourtraicture,
regard tant doulx, très bénigne stature,
        face sacrée,

face adorable et d'amour esclairée,
que te voilà, hélas! défigurée,
blesme des yeulx, toute de sang pourprée!
        Est-ce donc vous!

Voyez mon deuil, mon tristable courroux :
sous vostre croix, dolente et à genoux,

1. L'e muet se prononce.

filz, de vos yeux tant précieux et doulx,
    regardez celle

qui vous conçut, pure vierge et pucelle,
qui vous nourrit de sa tendre mamelle,
donnez regard à sa douleur mortelle,
    ô mon Jhésus!

Cy regarde Jhésus Nostre-Dame et S. Jehan et dict :

Jhésus.

Mulier, ecce filius tuus,
Femme, voicy vostre fils.
Fili, ecce mater tua,
Mon fils, voicy ta mère.

Cy se disputent les tirants la robe de Jhésus.

Broyeffort.

A moy la robe!

Clacquedent.

    Holà, holà!
Partageons.

Orillart.

    Nennil! jouons-la.

Brayart.

A quoy?

Broyeffort.

    Aux dés.

Clacquedent.

    Or en voilà :
j'ai jetté deux.

Orillart.

Moy trois.

Brayart.

Moy quatre.

Broyeffort.

Moy riens.

Clacquedent.

Moy cinq! Sans plus débattre,
j'ai la robe!

Broyeffort.

Gibet de coup!
Puist Sathan se rompre le cou
d'avoir inventé ce jeu-là.

*Icy commence la nature à se troubler, la foudre à tonner et
a eclairer.*

Centurion.

Etrange merveille voilà!
Le jour fuit, le soleil se voile,
c'est comme une nuict sans étoile.
Tous les cœurs s'en trouvent émus.

Jhésus.

*Deus meus! Deus meus!
Ut quid dereliquisti me?
Heli! Lama sabactany!*

Jhéroboam.

Oyez! il a huché Elie;

puisqu'il sçait tant d'enchanterie,
voyous si Elie[1] viendra?

Jhésus.

Sitio!

Broyeffort.

Or qui donnera
à boire à ce haultain prophète?

Clacquedent.

Voicy liqueur si très bien faicte :
ce n'est ypocras ni claré,
mais fiel et vinaigre paré
de très délectable manière.

Broyeffort.

Quoy! tu tournes la teste arrière?

Jhésus.

Consummatum est!

Icy augmente le trouble de la nature.

Nostre-Dame.

Des dolentes la plus piteuse!
O mort terrible et despiteuse,
regarde en quel abandon suis :
je te réclame, et tu me fuis!

Jhésus.

O pater, in manus tuas
commendo spiritum meum.

1. L'e muet se prononce.

Icy incline Jhésus la teste et rend l'esperit, et doibvent trembler la terre et les pierres se fendre.

Nostre-Dame.

O mon fils, ô toute ma vie!

Icy tombe Nostre-Dame pasmée soubs la croix.

Madeleine.

Voilà nostre mère ravie,
    pasmée en désolation!

Icy chantent les anges en le Ciel.

Les anges *chantent.*

Cité de Sion,
exultation
et joie[1] délaisse;
désolation
et confusion
prends pour ta liesse!

Quand ton roy te laisse,
ta couronne cesse,
ton bien se despart;
tu perds ta noblesse,
tu perds ta richesse.
tu n'y as mès[2] part.

Désolation
et confusion
prends pour ta liesse.
Cité de Sion!

1. L'e muet se prononce.
2. Plus.

Icy tremble de nouveau la terre, et s'enfuient les juifs à grand frayeur.

Centurion.

Le vray ne se peut plus céler :
qui n'a créance, c'est simplesse[1] ;
Jhésus faict la terre trembler
et luy rend toute la destresse
qu'il a endurée en ce lieu :
Par quoy vraiement[2] je confesse
qu'il estoit Christ, le fils de Dieu !

Cy fine le VIIe tableau de la Passion Nostre-Seigneur.

1. Folie.
2. L'e muet se prononce.

LE VIIIᵉ TABLEAU

En lequel se veoit, comme au Prologue, l'Enfer et le
séjour du Limbe en lequel se douloient les âmes des
justes; et au fond se dresse un grand chasteau à
moult creneaux, tours et fossés, soubs lequel est la
porte de l'Enfer fermée de pont-levis, chaînes et barreaux à puissance. Et notez que devant la porte se
tient le deable Cerberus, portier des enfers, monstre
horrible armé de fourche à trois testes. Et à senestre
se dresse le throsne Lucifer où seoit ledit archange,
la couronne en teste, moult richement vestu, et
adextré de sa fille Mort, roine des infernaux palus.
Et sont d'aultres deables sur les marches du throsne.

I

*Et arrive en grant émoi Sathan, prince des deables, yssant
de la terre, lequel parle à Lucifer et dict :*

Sathan.

O roy de l'infernal abisme,
Lucifer, empereur sublime
des chartres[1] d'éternelle nuit,
hélas! nostre règne est destruit :
Jhésus qui est mort à torture,
en grant prodige de nature,
vainqueur de mes faicts les plus hauts,

1. Prisons.

nous livre suprêmes assauts.
Fort bastir nos portes convient :
voicy son esperit qui vient
pour desrober nostre domaine.

Lucifer.

Sathan, maudict soit qui t'amène,
desloyal servant malheuré
qui as ordement labouré !

Icy se lève Lucifer et en moult grand rage convoque tous les deables, cependant que jouent les instruments le rondel d'enfer.

Saultez hors des abismes noirs,
des obscurs infernaux manoirs,
tous puans de feu et de soufre,
diables, saillez de vostre gouffre,
et des obscures régions,
par milliers et par légions.
Prenez vos chaisnes et crochets,
brandons de fer, rougis fourchets,
gibets et larronceaux pendans,
fourneaux fournis, serpens mordans,
dragons plus ardans que tempeste ;
ne vous bruslez plus groing ni teste
à faire ces métaulx couler ;
faictes moy bondir et crouler
tout le hideux infernal porche
de vos refrains hurlés à force.

Et saillent de tous costés les deables aux sons d'un silete[1] infernal.

Serrez ces portes à puissance,
bandez verroux en habondance,

1. Chant.

chargez barres plus d'un millier,
et gardez bien de sommeillier :
tantost verrez vostre adversaire.

Icy se hastent les deables prenant glaives, crochets, fourches pour défendre leur règne.

Cerberus, *portier de l'Enfer.*

Roy Lucifer, laissez moy faire :
pour pouvoir qu'il sache monstrer,
luy défendrai-je bien l'entrer.
J'ai affusté nostre portal
de grosses roches de métal
aussy grandes que haults chasteaux,
et mis plus de mille barreaux
sur le chemin de ce rebelle.

Icy se disposent tous les deables pour la battaille et chantent de grant ire leur refrain.

Les deables *chantent.*

Défendons Mort éternelle
et l'empire des damnés.

Ne nous tienne à sa cordelle
Jhésus, ce meschant rebelle!

Défendons Mort éternelle,
à luy ne soyons donnés.

Défendons Mort éternelle
et l'empire des damnés.

Icy se fault un moult grand tumulte, la foudre esclaire et tonne, et cependant que poussent les deables grant clameurs, s'entend delà les portes de l'Enfer la voix Nostre Saulveur Jhesu-Christ.

II

L'Esperit Jhésus.

Attollite portas,
principes, vestras,
et elevamini, portæ æternales,
. et introïbit rex gloriæ.

Les âmes du Limbe.

Quis est iste rex gloriæ?

L'Esperit.

Dominus fortis et potens,
dominus potens in prælio.
Attollite portas,
principes, vestras,
et elevamini, portæ æternales,
et introïbit rex gloriæ.

Les âmes du Limbe.

Quis est iste rex gloriæ?

L'Esperit.

Deus virtutum ipse est rex gloriæ :
Attollite portas,
principes, vestras,
et elevamini, portæ æternales,
et introïbit rex gloriæ.

Icy doivent cheoir les portes quand frappera Jhésus sa croix encontre.
Et s'ensuit grand tumulte dans l'Enfer où courent les deables en desordre et frayeur.

Tous les deables.

Hélas! hélas! hélas! hélas!

L'Esperit Jhésus, *portant sa croix et vestu de gloire,*
s'advance cependant que chantent les âmes du Limbe.

Les âmes du Limbe.

Te Deum laudamus,
te dominum confitemur!

L'Esperit Jhésus *prend Adam par la main*
et dict :

Adam, amis, paix soit à toy
et tous tes filz justes et bons :
en ces ténébreuses prisons
avez lamenté grant espace :
suivez moy en une autre place
de paix et gloire où resterez,
et puis avec moy monterez
en mon royaulme perdurable.

Adam *et les âmes chantent.*

O divin confort adorable,
nostre prière ne fut vaine :
bien te nommions *Agnus Dei,*
car, par ta bonté souveraine,
tu tollis peccata mundi.

Toutes les âmes *chantent.*

Te Deum laudamus,
te dominum confitemur!

Cy s'advance le meneur de jeu.

PROLOGUE FINAL

Le meneur de jeu.

Seigneurs et notable commun,
qui vous estes tenus comme un
peuple de rassise prudence,
et avez, sans moleste aucun,
entendu le faict opportun
de la parfaicte obédience
que Jhésus tint en la présence
de son Père, quand mort souffrit,
mirez-vous en la patience
à laquelle, pour nostre offence,
sa précieuse chair offrit.
  Cy finirons la Passion
qu'avecque grant dévotion
avons par devers vous monstrée.
Prions à la Vierge honorée
qui si bien la doit demonstrer,
qu'en la région bienheurée,
la digne face et décorée
de son filz nous puisse monstrer.

Cy fine la Passion Nostre Seigneur Jhésu-Christ.

www.ingramcontent.com/pod-product-compliance
Lightning Source LLC
Chambersburg PA
CBHW050005100426

42739CB00011B/2515